Zardo · Zwecker

Trattorie del Chianti

Manuela Zardo · Hellmuth Zwecker

Trattorie del

Fotos von Hellmuth Zwecker

Hugendubel

Chianti

Ländliche Küche der toskanischen Hügellandschaft

Die Deutsche Bibliothek – CIP-Einheitsaufnahme
Trattorie del chianti: Essen und Trinken in der ländlichen Toskana/Manuela Zardo; Hellmuth Zwecker. –
München: Hugendubel, 1996
ISBN 3-88034-875-8
NE: Zardo, Manuela; Zwecker, Hellmuth

Umschlaggestaltung: Zembsch' Werkstatt, München
Produktion: Tillmann Roeder, München
Satz: Design-Typo-Print, Ismaning
Reproduktion: PHG, München
Druck und Bindung: Bosch Druck, Landshut
Printed in Germany

ISBN 3-88034-875-8

Inhalt

Cucina povera – Cucina ricca

Aus *etruscus, tuscus* und *tuscanus* wurde die Toskana, aus dem etruskischen *klante* für Wasser der Begriff Chianti, hügelig wasserreiche Landschaft und samtig körperreicher Wein in einem. Chiantishire nannten die Toskana-Engländer die lieblichen Hügel zwischen Siena und Florenz, deren Schönheit sie schon zu Beginn des letzten Jahrhunderts entdeckten, so ähnlich einem englischen Park, vom Menschen gemacht, doch scheinbar reinste Natur. Sie schrieben fleißig Kochbücher, aber die heimische Inselküche hat das nicht wesentlich verändert. Heute versuchen es die deutschen Genüßlinge der Toskana-Fraktion mit den Hügeln der Beständigkeit, wo seit etruskischer Zeit die Lebenslust feste Wurzeln geschlagen hat, erklären das gelobte Land zum südlichsten Bundesland unserer Republik und beschäftigen sich intensivst mit dessen Kultur und Küche. Und siehe da – kaum sind knappe zwanzig Jahre vergangen, schon bewegt sich etwas in teutonischen Kochtöpfen.

Seltsam unberührt von allem Toskana-Rummel zeigen sich die Toskaner selbst. An Invasionen ist man seit geraumer Zeit gewöhnt, der Anblick blonder Nordmänner verbreitet keinen Schrecken mehr und, daß Fremde sich für die toskanische Küche begeistern, kann keinen Einheimischen in Staunen versetzen. Huhn und Karnickel brutzeln fein gewürzt noch immer am offenen Kaminfeuer, und in der Glut ziehen über Nacht nach wie vor die weißen Bohnen in Olivenöl, Salbei und Knoblauch – *cannellini* in anderen Gegenden genannt, hier sind es *toscanelli*. Mamma kocht in der ländlichen *trattoria* weiter ihre *ribollita* und überstreut sie mit rohen Zwiebeln, wie es schon ihre Mutter für die Großfamilie und die Großmutter für die Herrschaften in der Villa oben auf dem Hügel getan hat. Die *crostini* aus altbackenem, ungesalzenem *pan tosco* werden weiterhin mit köstlicher Milzpaste bestrichen und die *pici* mit der Hand gerollt. Gemüse gibt es aus dem eigenen Garten hinter dem Haus, ganz wie zu Pellegrino Artusis Zeiten, der in seinem immer noch maßgeblichen Kochbuch im letzten

Jahrhundert über die Toskaner schrieb: »I Toscani son così vaghi di ortaggi, che vorrebbero cacciarli per tutto«, »die Toskaner sind so verrückt nach Gemüse, daß sie es überall hineingeben wollen«. Und irgendwo hinter einer Anhöhe findet sich der versteckte Landgasthof, um den herum noch die Schafe weiden und würzigen Pecorino-Käse liefern oder halbwilde Schweine der alten, fast schon vergessenen einheimischen Rasse *cinta senese* das Gestrüpp durchstöbern und ihr unvergleichlich kerniges Fleisch entwickeln.

Betritt man eines der typischen toskanischen Bauernhäuser, die gleichmäßig übers Land versteut sind, kann es passieren, daß eine Stimme ruft: »Sono in casa«, wörtlich »Ich bin im Haus«. Damit ist nicht das ohnehin Offensichtliche gemeint, sondern: Du findest mich in der Küche. Im Leben

und Denken der Toskaner war Haus immer gleichbedeutend mit Küche. Sie lag im ersten Stock, im Erdgeschoß waren die Stallungen und kühle Vorratsräume, im zweiten Obergeschoß der Taubenturm und der Trockenspeicher. Zur Küche führte eine Außentreppe, durch sie mußte man hindurch, wenn man in irgendein Zimmer gehen wollte.

So wie die Küche die Mitte des Hauses, so war das Haus die Mitte des *podere*, des bäuerlichen Anwesens, das in den allermeisten Fällen einem *padrone* gehörte und den Bauern in der *mezzadria*, der Halbpacht, überlassen war. Das *podere* war das Maß aller Dinge, eines grenzte unmittelbar an das andere, alle waren eingeteilt in *coltivato* und *bosco*. Das kultivierte Land lag immer direkt um das Haus, das dadurch vor Waldbränden geschützt war. Die Äcker waren mit Feldsteinmauern terrassiert und mit Reihen von Weinreben, Maulbeer- und Olivenbäumen umsäumt. Sie wurden mit Getreide und Feldfrüchten bestellt. Die sonnigsten Hänge in Sichtweite des Hauses trugen durchgehend Wein. Der *bosco*, der Wald, war vom Haus am weitesten entfernt, ein Teil wilder Natur, aus Kastanien, Krüppel- und Stein- oder Korkeichen mit dichtem Unterholz und vielen Gin-

sterbüschen, Jagdrevier und Fundort für Beeren und Pilze. In der volkstümlichen Tradition der Toskana ist der Wald stets Sitz der bösen Mächte, schon für Dante war er »la selva oscura«, die finstere Wildnis, der direkte Weg in die Unterwelt. »Macchiaioli« nannte man die Findelkinder, nach *macchia*, der Bezeichnung für das typisch mediterrane Waldgestrüpp. Erst zu Beginn unseres Jahrhunderts belegte man mit diesem Begriff die toskanischen Spätimpressionisten, die Freiluftmaler, die draußen in der *macchia*, was wörtlich »Gefleckte« bedeutet, ihre fleckige Malerei produzierten. Im heutigen Italienisch besagt »darsi alla macchia« oder »imboscarsi«, daß jemand in den asozialen Untergrund abtaucht.

Kehren wir zurück in die Küche, Zentrum allen sozialen Lebens. Hier versammelte sich die Familie am Abend am riesigen Kamin, am *focolare*, in dem man im Winter auch bequem Platz nehmen konnte, der einzigen Quelle für Licht und Wärme. Er war die *casa del fuoco*, das Feuerhaus, oft in Form eines Hauses gestaltet und von hoher symbolischer Bedeutung. Die Tradition wollte, daß unter die große Steinplatte, die das Feuer trug, die Nabelschnur des erstgeborenen Sohnes gelegt wurde, um ihn an das Haus zu binden, das er nie verlassen sollte und in das ihm seine Braut folgen würde. »Focatico« nannte man eine Familiensteuer, die bis vor wenigen Jahrzehnten »per fuoco acceso«, das heißt pro Feuerstelle erhoben wurde, und noch heute meint man mit »focolare spento«, wörtlich »erloschenes Feuer«, daß sich eine Familie aufgelöst hat.

Die Frauen achteten, gleich antiken Vestalinnen, darauf, daß das Feuer nie erlosch. Es wurde immer gebraucht, verwandelte Rohes in Gekochtes, Natur in Kultur. Es wurde niedrig gehalten, wenn Braten langsam und lange schmoren sollten, lebhaft, wenn es das Olivenöl auf die richtige Temperatur bringen mußte, um darin zu fritieren. Denn ein gutes *fritto*, ein Festessen für jeden Toskaner, setzt voraus, daß das Olivenöl sehr heiß ist, sprich mehr als 170 Grad. Nur dann schließt sich der Teig um das Fritiergut sofort, sei

es Fleisch oder allerlei Gemüse, wird schön knusprig und innen kann alles schnell garen, Vitamine und Eigengeschmack bleiben erhalten. Auch das Feuermaterial ist wichtig. Für einen großen Festtagsbraten kommen nur Eiche oder Steineiche in Frage, die mehr verglühen als verbrennen. Wenn sich eine Flamme erhebt, streuen die Hausfrauen noch heute grobes Meersalz darauf, um die Flamme zu unterdrücken, die Glut aber nicht zu ersticken, denn »il buon fuoco aiuta il cuoco«, ein gutes Feuer hilft dem Koch.

Erfahrung ist nach wie vor das Schlüsselwort für die toskanische Küche. Die jungen Frauen lernen von den alten, die selbst wieder bei ihren Müttern und Großmüttern gelernt hatten. Und über allem schwebt ein kategorischer Imperativ – nichts wird weggeworfen, nichts verschwendet. Vielzitiertes Beispiel dafür ist das Schwein. Schon beim Schlachten wird selbst das Blut aufgefangen und für zahlreiche Gerichte verwendet. So etwa für die *roventini*, in Schmalz gebackene Blutomelettes, mit *pecorino* bestreut, für *migliacci*, eine Süßspeise aus Siena, in der außer Schweineblut auch das berühmte Früchtebrot *panforte*, die Honigplätzchen *cavallucci* und trockene Kekse verwendet werden, oder für den *buristo*, einen ausgesprochen würzigen roten Preßsack. Dieser wird später in Scheiben geschnitten und

in Chianti gekocht. In der *soppressata*, seinem weißen Gegenstück, finden Zunge, Kopffleisch und Schwarte ein Unterkommen, das Fett wird zu Speck und Schmalz und der Darm die Haut für die Salami. Aus den edleren Hinterteilen wird der salzige luftgetrocknete toskanische Schinken, die Rippchen werden *rostinciana*, die einzelnen *cotolette* werden gegrillt oder die *lombata di maiale*, das ganze Rippenstück (*filetto e controfiletto*) zu *arista*, dem Festtagsbraten, gewürzt mit reichlich Knoblauch und Rosmarin und von Rosmarinkartoffeln begleitet.

All das war nicht nur in der Vergangenheit so, heute sind es die Dorfmetzger, die das Schlachten übernommen haben und die Würste machen, und die *trattorie* bringen weiterhin die üblichen häuslichen Gerichte auf den Tisch. In deren Küchen werden nach wie vor keine Rezepte studiert, früher konnte ohnehin kaum eine der Frauen aus dem Chianti lesen, selbst in den zwanziger Jahren waren sie noch zur Hälfte Analphabeten. Kochbücher wie der berühmte Artusi waren etwas für Bürger, Bauersfrauen kochten und kochen weiter *ad occhio*, nach Augenmaß, verwenden Zutaten und Gewürze *quanto basta*, nach Bedarf. Auch in den aristokratischen Häusern kochten Bäuerinnen. Die Reichen konnten vielleicht mehr essen, ihre Tische waren eleganter gedeckt, aber auf den Tellern lag nichts anderes als auf denen der Bauern.

Was zählte und zählt, war das Zusammensitzen bei Tisch. Bei keiner Gelegenheit wird mehr Gemeinsamkeit erlebt als beim Genuß derselben Speisen. Deshalb werden allerorts, auch in der Toskana, alle wichtigen Lebensstationen durch ein großes Getafel gekennzeichnet, von der Taufe über Kommunion, Geburtstag oder Heirat bis zum Leichenschmaus. Das Private wird zum Erlebnis in der Gemeinschaft. Auch für einen Fremden ist ein Essen in einer ländlichen Trattoria ein Stück Eingliederung in die Kultur dieser Landschaft. Man sitzt nicht nur innerhalb von Mauern, die seit Jahrhunderten an Ort und Stelle stehen, auch das Geschehen in der Küche hat sich kaum verändert.

Man ißt und trinkt und teilt, wenn auch nur für kurze Zeit, das Schicksal und den Lebensweg mit den Menschen dieses Ortes, als Begleiter, nicht als Eindringling.

Auch in den großen Städten Italiens von Rom bis Mailand wird in den ältesten *trattorie* meist noch toskanisch gekocht. Das hat seine Wurzeln in Siena, wo ein *trattore* genannt wurde, wer täglich aufs Land hinauszog, um frische Lebensmittel einzukaufen und diese in der Stadt von seinem Karren herunter verkaufte. Was nicht wegging, wurde in der Familienküche zubereitet und bald schon stellten sich zahlende Gäste ein. Viele Toskaner mußten sich zu ärmeren Zeiten in den Städten des Nordens oder in der Landeshauptstadt ein Auskommen suchen. Oft eröffneten sie mit Hilfe der geschickten Mamma eine Trattoria. Eine ganze Reihe dieser Lokale werden noch bis heute von den Gründerfamilien betrieben und haben ihren Charakter bewahrt, ihre Wurzeln in der bäuerlichen Küche nie verloren.

Mit den Städtern, die am Wochenende Erholung auf dem Land suchten, kam die »trattoria di campagna« vor die Tore der Stadt, dorthin, wo wir sie für dieses Buch gesucht und gefunden haben. Wir haben allerdings auf die bekannten und allzu bekannten »Geheimtips« verzichtet. Ebenso haben wir die Städte und größeren Ortschaften weggelassen, wo ohnehin jeder die empfehlenswerten Lokalitäten kennt und auf Nachfrage auch gerne nennt.

Wir waren in den verschiedenen Anbauzonen des Chianti unterwegs, nicht nur in dem bereits 1415 zum Kernland erklärten Dreieck Castellina – Radda – Gaiole, dem späteren Chianti Classico. Chianti gibt es auch als Chianti Montalbano im Nordwesten der Toskana, als Chianti Rufina im Nordosten, der Chianti Colli Fiorentini kommt aus den Hügeln um Florenz, Chianti Colline Pisane wächst auf den flachen Hügelchen um Pisa, Chianti Colli Senesi um Siena und Chianti Colli Aretini um Arezzo. Unsere »Trattorie del Chianti« liegen in diesen Gebieten verstreut, durchweg in kleinen Weilern oder alleine, am Ende einer staubigen

Landstraße mit vielen Schlaglöchern oder, leicht zu übersehen, an einer vielbefahrenen Durchgangsstraße, von außen unansehlich, innen oder hinter dem Haus aber ein kleines kulinarisches Paradies. Viele heißen Osteria, nicht verwunderlich in einem Weinbaugebiet, wo der *oste*, der Wirt, sich um den Weinverkauf kümmerte und die Küche einst eine sekundäre Rolle spielte. Einige nennen sich Locanda, in einer solchen fand und findet man meist noch heute nach dem guten Mahl ein Bett für das müde Haupt.

Klasse statt Classico – Chianti heute

Die alten Korbflaschen sind fast völlig verschwunden, aus denen wir unseren ersten »Tschanti« getrunken haben und die sich so wunderbar als Ständer für Tropfkerzen eigneten. Man kann es bedauern, daß die Winzer nur noch sehr ungern ihre Erzeugnisse in das praktische Gerät füllen, mit dem ein weiteres Zeugnis bäuerlich-schlauer Kultur verloren geht. Die genialen Flaschen waren leicht und billig herzustellen, nichts weiter als ein großer Glastropfen, der sich von einem geschickten Glasbläser mit wenigen Atemzügen fertigen ließ. Sie waren durch ihren Strohmantel auf dem Transport bestens geschützt und stapelbar und, weil man ehedem den ganzen Arbeitstag in den Feldern und Weinbergen verbrachte, ein willkommenes Kühlgefäß. Man mußte das Stroh nur gut naß machen, dann blieb der Inhalt lange erfrischend. *Fiasco* ist der Name der Flasche, und zu einem wirtschaftlichen Fiasko wäre es gekommen, hätte man den Inhalt nicht ihrem runden Bauch entzogen und aus dem anspruchslosen bis zweifelhaften Getränk namens Chianti, seit den späten sechziger Jahren, einen der ganz großen Weine der Welt gemacht.

Heute haben die »Super Tuscans« gewonnen. Seit der Ernte 1995 gelten für den Chianti Classico neue Bestimmungen. Damit sind die alten Regeln Geschichte, die der »eiserne Baron« Ricasoli im vergangenen Jahrhundert ins Stammbuch des Chianti schrieb und die zwar immer wieder modifiziert wurden, aber bis zuletzt am Chianti als Mischwein festgehalten haben – 75 bis 90 Prozent der alten Toskana-Traube Sangiovese, die dem Wein Körper und seinen unverwechselbaren Duft nach Veilchen und Iris verleiht, fünf bis zehn Prozent Canaiolo nero, eine ebenfalls einheimische rote Sorte oder zehn Prozent einer anderen roten Rebe. Seit Beginn der achtziger Jahre spielt hierbei vor allem die Cabernet-Traube, aber auch Merlot eine Rolle. Außerdem gehörten in einen Chianti fünf Prozent Malvasia del Chianti und Trebbiano Toscano, weiße Trauben also, die traditionell in diesem Verhältnis in den Weinbergen mitten unter die roten gepflanzt und mit diesen zusam-

men auch geerntet wurden. Der Weißweinanteil sollte dem Chianti Frische und Spritzigkeit verleihen, war aber in den letzten Jahren von den Winzern immer mehr zugunsten einer längeren Lagerfähigkeit und einer moderneren Geschmacksausrichtung zurückgedrängt worden.

Es ist dieser unvergleichliche Anklang vollreifer Brombeeren in Gaumen und Nase, der sortenreinen Sangiovese-Weinen eigen ist und der heute so gut gefällt. Mit den neuen Bestimmungen wurde nur einer ohnehin schon üblichen Praxis stattgegeben und die Verwendung von 100 Prozent Sangiovese sanktioniert. Jetzt können, so sie denn noch wollen, einige der ganz großen Rotweine der Toskana wieder unter das Gekrähe des schwarzen Hahnes zurückkehren und sich Chianti Classico nennen. Bisher nannte man sie wenig erfinderisch die »Super Tuscans«, um nicht die diskriminierende Bezeichnung Vino da Tavola in den Mund nehmen zu müssen. Sie ist die offizielle Benennung der untersten Qualitätsstufe. Diese hatten alle Weine auf ihrem Etikett zu tragen, die nicht nach den Bestimmungen des DOCG (Denominazione di origine controllata e garantita = kontrollierte und garantierte Herkunftsbezeichnung) hergestellt waren, und darunter befand sich auch die gesamte Elite neuer großer toskanischer Weine. Eine weitere Neuerung ist die Erlaubnis, eine *riserva* schon nach 24 Monaten, anstelle der bisherigen mindestens 36 Monate, in die Flasche zu füllen. Möglich wird diese schnellere Reifung durch die kleinen französischen *barrique*-Fässer, mit nur 225 Litern Inhalt und aus jungem Eichenholz gefertigt, die in toskanischen Kellern immer öfter die riesigen Holzfässer ersetzen und die der viel geringeren Menge Wein einen wesentlich intensiveren Kontakt mit dem Holz verschaffen. Danach muß der Wein mindestens noch drei Monate in der Flasche lagern. Erfreulich auch die neue Möglichkeit, einen Chianti, nach französischem Vorbild, mit der Angabe des Weinberges genauer zu bezeichnen, was den mikroklimatischen Eigenheiten und der Bodenbeschaffenheit einzelner Lagen Rechnung trägt.

Olio extra vergine di Oliva – pures toskanisches Gold

Athene, Schutzgöttin der freien Städte, schenkte den Menschen den Olivenstrauch und lehrte sie dessen Zucht, denn erst durch stetiges Beschneiden wird der Strauch zum Baum. Das Öl aus seinen Früchten wurde ihr geopfert, durch sie wurde es zum Symbol für Weisheit und Erleuchtung. Man verbrannte es in den Öllampen, die Licht in die irdische und geistige Dunkelheit brachten. Die Göttin des Wissens, und damit der Erfahrung des hohen Alters, läßt auch den Olivenbaum uralt werden. Der älteste Baum in der Toskana steht im Garten des Pfarrers von Magliano, sein Alter wird mit über 2000 Jahren angegeben.

Gerade dem Olivenöl spricht auch die moderne Naturwissenschaft die Fähigkeit zu, Menschen alt werden zu lassen. Es gilt neben Fisch und Knoblauch als eines der drei gesündesten Lebensmittel, in seinen ernährungsphysiologischen Eigenschaften der Muttermilch am ähnlichsten. Man weiß, daß die Bevölkerung in Ländern mit Olivenöl-Küche wesentlich seltener an Herz-Kreislauf-Erkrankungen leidet. Da der Fettstoffwechsel bei Alterungsprozessen eine große Rolle spielt und Tumorbildung mit Mangel an den Vitaminen A und E – beide sind in Olivenöl reichlich vorhanden – in ursächlichem Zusammenhang zu stehen scheint, muß *olio extra vergine* zwar nicht gleich in Apotheken, vor allem nicht zu dort üblichen Preisen verkauft werden, aber seine häufigere Verwendung auch in unseren Breiten wäre durchaus wünschenswert.

In den Ölmühlen Italiens, *frantoi* nennt man sie hier, entsteht das beste Olivenöl der Welt. Aber nur ein kaltgepreßtes *olio extra vergine* verdient überhaupt Beachtung, und nur dieses ist gemeint, wenn in unseren Rezepten von Olivenöl die Rede ist. Laut einem Gesetz aus dem Jahre 1407, ergänzt durch eine EG-Verordnung von 1990, wird das Olivenöl durch seinen Säuregehalt klassifiziert und für *olio extra vergine* ein maximaler Säuregehalt von 1,0 Prozent festgelegt. Wie immer in solchen Fällen ist auch das keine wirklich befriedigende Einteilung. Aber zumindest schützt

sie vor allzu grobem Etikettenschwindel, auch wenn der genaue Säuregehalt noch immer nicht angegeben werden muß. Die Etiketten auf den Flaschen müssen bisher leider auch keinerlei Auskunft über Herkunft des Öles oder das Verfallsdatum geben. Bestes Olivenöl aus der Toskana oder aus Ligurien und dem Gardasee-Gebiet wird aus nicht vollreifen Früchten gepreßt, was die Qualität wesentlich erhöht, die Ausbeute aber stark verringert und das Pflücken von Hand notwendig macht, da man nur ganz reife Oliven vom Baum schütteln kann. Es kann etwa zwei Jahre aufbewahrt werden und sollte vor Licht und Hitze geschützt werden. Qualitätsbewußte Produzenten aus dem Chianti füllen es deshalb in schwere grüne oder braune Flaschen und schreiben alle Angaben, die über kurz oder lang auch vom Gesetzgeber verlangt werden, schon heute freiwillig auf ihre Etiketten, da sie nichts zu verbergen haben und auf ihre Spitzenöle, die im Idealfalle einen Säuregehalt von nur 0,08–0,1 Prozent aufweisen, zu Recht stolz sein können.

Eine italienische Faustregel lautet: »Aceto come un avaro, sale come un saggio, olio come un pazzo« – Essig wie ein Geizhals, Salz wie ein Weiser und Öl wie ein Verrückter. Dies gilt beim Kochen und Fritieren – zu beidem eignet sich, entgegen aller anderslautenden Gerüchte, Olivenöl bestens – ebenso wie beim Anmachen von Salaten. In England konnte, wie eine hübsche Geschichte erzählt, ein verarmter Edelmann dadurch überleben, daß er bei festlichen Essen die Salatsaucen bereitete, von denen er mehr als hundert Varianten kannte. In Italien wäre der Arme Hungers gestorben. Hier wird der Salat mit Olivenöl, Salz, einem Tropfen Essig und eventuell einigen frischen Kräutern, wenn überhaupt, angemacht – immer. Ein italienischer Signore in vergleichbarer Situation könnte vielleicht aus der

Erfindung neuer Würzöle etwas Kapital schlagen. Die am häufigsten verwendeten lassen sich auch zu Hause zubereiten. Man nimmt *olio extra vergine*, gibt es in ein Glasgefäß oder eines der feinen, überall in Italien zu findenden Ölkännchen aus Glas, fügt frische Basilikumblätter hinzu und *peperoncini* (rote Chilipfefferschoten). Nach einigen Tagen hat man ein herrliches Würzöl, das sich vielfältig einsetzen läßt. In der zweiten Variante, dem Knoblauchöl, treten Knoblauchzehen an die Stelle der Basilikumblätter, beim nächsten sind es Lorbeerblätter und so fort. Mit Knoblauchöl zubereitete oder verfeinerte Gerichte haben die angenehme Eigenschaft, daß sie zwar den Gaumen mit dem Geschmack der Knolle erfreuen, den Magen hingegen vor deren schwerer Verdaulichkeit verschonen und die Nasen der Mitmenschen vor unangenehmen Gerüchen.

Osteria di Fonterutoli

Unendlich viele Geschichten in zahlreichen Varianten sind in der Toskana über die alte Rivalität zwischen Siena und Florenz in Umlauf. Zu Fonterutoli gehört folgende: Nachdem alle Versuche gescheitert waren, bezüglich der Grenzziehung eine Einigung zu erzielen, verabredete man ein eigenartiges Pferderennen. Je ein Reiter sollte von der Piazza della Signoria in Florenz und von der Piazza del Campo in Siena aus starten, und wo sie sich treffen würden, war die Grenze zu ziehen. Als Zeitpunkt wurde der erste Hahnenschrei vereinbart, und zwei ehrwürdige Herren aus Poggibonsi wurden zu Schiedsrichtern erklärt. Die beiden Reiter trafen sich in Fonterutoli, heute ein malerischer kleiner Weiler an der »Chiantigiana«, ein Teil der antiken Via Appia und bis zum Bau der Schnellstraße, die einzige Straßenverbindung zwischen Florenz und Siena. Fonterutoli liegt aber nur 14 Kilometer nördlich von Siena, dagegen gute 60 Kilometer von Florenz entfernt. Was war geschehen? Man erzählt sich, daß der Sieneser Hahn brav zur üblichen Zeit krähte, während man dem Florentiner Hahn am Abend zuvor seine Lieblingshenne weggenommen hatte, was ihm den Schlaf offensichtlich wesentlich verkürzte und ihn schon mitten in der Nacht krähen ließ.

Diese Geschichte demonstriert, von Sieneser Seite aus gesehen, daß die Florentiner schon immer und in jeder Situation betrügerische Absichten hatten. Für die Florentiner ist durch diese Episode bewiesen, wie schlafmützig die südlichen Nachbarn auch in diesen Zeiten schon waren. Heute jedoch ist, trotz aller überlebenden Rivalität, der schwarze Hahn zum vereinigenden Symbol des Anbaugebietes des Chianti Classico geworden, das sich sowohl über Florentiner wie auch über Sieneser Terrain erstreckt. Abgesehen von Geschichten und Legenden wurden in Fonterutoli, von lateinisch *fons rutoli*, der roten Quelle, die beiden wichtigsten Friedensabkommen zwischen Florenz und Siena in den Jahren 1202 und 1208 unterzeichnet. Noch heute bezeichnet eine Steininschrift am alten Turm des ehemaligen Kastells die Stelle des damals festgelegten Grenzverlaufs. Eine andere Inschrift bezeugt die Ankunft der Fami-

lie Mazzei in Fonterutoli, bedingt durch Heirat, im Jahre 1435. Seither haben die Mazzei den Besitz in der Familie gehalten und betreiben noch heute gemeinsam ein herausragendes Weingut. Ursprünglich stammt die Familie aus Carmignano, einer anderen berühmten Weinbauzone in der nordwestlichen Toskana. Das erste Familienmitglied von historischer Bedeutung war Ser Lapo, der nicht nur ein berühmter Notar der Florentiner Republik und der Verwalter des Hospitals Santa Maria Nuova war, sondern auch ein großer Weinkenner und -liebhaber. Schon Dokumente aus dem Jahre 1398 sprechen von zahlreichen Versuchen der Verbesserung und Pflege in den Weinbergen der Mazzei. Der Name Lapo taucht mit schöner Regelmäßigkeit immer wieder im Stammbaum der Familie auf. Der Lapo unserer Tage ist ein Herr von vornehmer Zurückhaltung und Eleganz, ganz wie der Wein, der seinen Namen trägt. Er war Präsident des »Consorzio del Chianti Classico« von 1974 bis 1994, also genau in den Jahren, in denen dieses wichtige Gremium seinen Mitgliedern zum Sprung in die Weltspitze der Weinpruduktion verholfen hat.

Der Weinbau in Fonterutoli liegt heute in den Händen seines Sohnes Filippo, unterstützt von dem Önologen Carlo Ferrini. Filippo, der weder genau nachgezählt hat, der wievielte Filippo er ist, geschweige denn der wievielte Mazzei, weiß allerdings Sonderliches von einem Vorfahren Filippo zu erzählen, der im 18. Jahrhundert zu den Helden des Nordamerikanischen Unabhängigkeitskrieges zählte und an der Erstellung der Verfassung mitarbeitete. Er war ein Freund Adams, Washingtons und Lafayettes, und auf Bitten Jeffersons experimentierte er in Virginia mit Weinanbau.

Es ist wohl nicht übertrieben, wenn man behauptet, die Mazzei haben den Wein im Blut, und es genügt, eine Flasche ihres Chianti Classico, einen Concerto oder Brancaia, beide im *barrique* gereift, zu entkorken, um die Qualität dieser Weine zu begreifen. Der Grund, auf dem sie wachsen, ist so felsig, daß man die Weine aus Fonterutoli auch »vini dei sassi«, Steinweine, nennt. Das ergibt eine extrem niedrige Produktion, die hier nie über 40 Hektoliter pro Hektar liegt, und andererseits eine außerordentliche Intensität in Geruch und Geschmack. Und selbst die Oliven, die ebenso wie der Wein in 350 bis 550 Metern Höhe wachsen,

Nana in umido al ginepro
Geschmorte Ente mit Wacholder
Für 4 Personen

1 Ente mit Leber
4 EL Olivenöl extra vergine
Salz, Pfeffer
1 große Zwiebel
1 Karotte
1 Stange Staudensellerie
2 Knoblauchzehen
15 Wacholderbeeren
2 Rosmarinzweige
2 Gläser Chianti
250 g geschälte Tomaten

Die Ente in vier Teile zerlegen und in einer großen Pfanne in Öl anbraten. Salzen, pfeffern und für etwa 20 Minuten auf mittlerer Flamme braten, dabei öfters wenden. Die Leber, Zwiebel, Karotte, Sellerie und Knoblauch kleinschneiden und zusammen mit den Wacholderbeeren und den abgestreiften Rosmarinnadeln zur Ente geben. Farbe annehmen lassen und mit Chianti löschen. Den Alkohol verdunsten lassen und die Tomaten dazugeben. Etwa 1 Stunde kochen und servieren.

Fusilli piccanti al rosmarino
Spiralnudeln mit Rosmarin
Für 4 Personen

400 g Fusilli
4 Rosmarinzweige
3 Knoblauchzehen
8 EL Olivenöl extra vergine
1 Peperoncino
10 Wacholderbeeren
500 g geschälte Tomaten
Salz

Die Rosmarinnadeln abstreifen und zusammen mit dem Knoblauch mit dem Wiegemesser kleinschneiden, mit dem Öl in die Pfanne geben und zusammen mit Peperoncino und Wacholderbeeren anbräunen. Die Tomaten dazugeben, salzen und für etwa 15 Minuten köcheln. Die Nudeln *al dente* kochen, abgießen, auf dem Feuer in die Sauce mischen und sofort servieren.

erbringen ungewöhnliche Ergebnisse. In der New York Times wurde kürzlich ein Test veröffentlicht, der das Olivenöl aus Fonterutoli unter die zehn besten der Welt einreihte.

Wie gut, daß es da die kleine und sympathische Osteria di Fonterutoli gibt, direkt an der Straße, wo man die Produkte des Weingutes nicht nur kaufen, sondern den Wein auch glasweise, zu einem toskanischen Essen, verkosten kann. Sie wird von Gianni Santarelli betrieben. Dessen junge Frau Adriana, Köchin aus Leidenschaft, verläßt sich ganz auf die Qualität der heimischen Produkte, die zum Großteil aus dem kleinen Ort selbst stammen, sowie auf die einfache handwerkliche Küchentradition und schielt nicht nach hoher Kochkunst. Zu ihrer Küche paßt der klassische Castello di Fonterutoli, einer der erfreulichsten Chiantis weit und breit, so perfekt, daß es einem fast schwerfällt, auch die anderen Gewächse zu probieren. Etwa den Siepi, ein neues Produkt von Fonterutoli, eine überaus elegante Mischung aus Sangiovese- und Merlottrauben. Aber nur so kann man mit großer Freude und Überraschung die Entdeckung machen, mit welcher Selbstverständlichkeit sich traditionellste toskanische Gerichte auch mit ganz großen Weinen harmonisch kombinieren lassen. Auf der Speisekarte findet man *pappardelle sulla lepre* oder *sul cinghiale*, frische Bandnudeln, die sehr breit und eher dick sein sollen, mit Wildhasen- oder Wildschweinragout, sehr Regionales wie das pikante Nudelgericht *fusilli al rosmarino* oder die *gnocchi a buglione*, Kartoffelklößchen mit allerlei Gemüsen. Eine beliebte Suppe ist die *minestra di farro*, dicke Dinkelsuppe also, danach kommen die klassischen toskanischen Schmorgerichte, unter welchen besonders die *nana in umido al ginepro* hervorsticht, die Ente, die man in der

Toskana *nana* statt *anatra* nennt, mit reichlich Wacholderbeeren und Rosmarin zubereitet.

Und in der Bar und Osteria trifft man immer, vor dampfenden Tellern oder mit einem guten Gläschen Wein in der Hand, die fröhlichen jungen Leute, die im Weingut arbeiten, und viele der neunzig Bewohner des Örtchens. Sie benutzen das Lokal wie ihr Wohnzimmer. Vertieft in angeregte Gespräche über alltägliche Dinge in schönstem weichem toskanischen Tonfall, bemerken sie kaum den Besucher von weit her, den sie ohnehin nie als Fremden empfinden.

Gnocchi a buglione
Gnocchi mit Gemüse

Für 4 Personen

1 Zwiebel
1 Stange Staudensellerie
1 Karotte
4 EL Olivenöl extra vergine
1 Kartoffel
1 Paprikaschote
2 Zucchini
1/2 Aubergine
50 g grüne Bohnen
50 g Erbsen
Salz, 1 Peperoncino
1 Tasse Gemüsebrühe
500 g geschälte Tomaten
1 kg Kartoffelgnocchi

Zwiebel, Sellerie und Karotte kleinhacken und in Öl goldgelb anbraten. Kartoffel, Paprika, Zucchini, Aubergine, Bohnen zerkleinern, mit den Erbsen, etwas Salz und dem Peperoncino dazugeben. Gut wenden und mit Gemüsebrühe angießen. Nach etwa 20–30 Minuten die Tomaten hinzufügen, gut vermischen und nochmals etwa 5 Minuten kochen. Die inzwischen gekochten *gnocchi* in der Sauce wenden.

La Bottega del 30

Das kleine verschlafene Nest Villa a Sesta zwischen den sanften Hügeln des südlichen Chianti Classico wurde erst vor einigen Jahren von Franco Camelia wachgeküßt. Toskanisch, hellwach und energiegeladen hat er die unzweifelhaft perfekteste Trattoria des Chianti geschaffen, sowohl die Küche als auch die authentische Atmosphäre eines Landgasthofes betreffend. Sich auf seinen Lorbeeren auszuruhen hätte ihn gelangweilt, deshalb strickt er unermüdlich an zahlreichen Ideen weiter. Die Bar in der winzigen Ortsmitte ist schon realisiert, dort regiert die hübsche Tochter Linda und – was in Italien an ein Wunder grenzt – sie hat durchgehend warme Küche und erkennt ein Pastagericht als vollwertige Bestellung an. Außerdem kann man die besten Weine der Gegend glasweise verkosten und abends gibt's ab und an Live-Musik. Die neueste Spielwiese ist derzeit die Kochschule, deren Fertigstellung Franco zu Recht mit Stolz erfüllt. Die Räume, gewonnen aus einem alten Eselsstall, sind wie alles, was der ehemalige Goldschmied in die Hände nimmt, zu einem Kleinod geworden, geschmackvoll und bis ins Detail durchdacht. Die Lehrküche, die er »Labor« nennt, modern und funktional, hat in der Mitte zehn Arbeitsplätze für die angehenden Köche. Davor hat er eine traditionell toskanische Küche rekonstruiert mit einem Steinofen für das Brot, dem offenen Feuer, um über der Glut zu kochen und allerlei Gerätschaft der alten bäuerlichen Kultur bis hin zum Bettwärmer, den sie früher »Priester« nannten, einer Blechpfanne, die, mit Glut gefüllt, in einem Holzgestell hängend, unter die kalte und feuchte Bettdecke geschoben wurde. In den Schränken stehen die Saucen, eingemachte Tomaten und Marmeladen, die alle nach alter Art und Weise hergestellt wurden und die zeigen, wie sehr Franco in der heimischen Tradition verwurzelt ist. Was aber immer wieder überrascht, wie sich seine Frau Elena, eigentlich Helène mit Namen und waschechte Pariserin, in die Toskana eingelebt hat. Franzosen, zumal Köchen oder Köchinnen, gelingt es selten, sich so zu wandeln, ihre eigene Tradition hintanzustellen und mit ihrer ganzen Kunst toskanische Gerichte zu schaffen, die

Anatra al finocchio selvatico
Ente mit wildem Fenchel
Für 4 Personen

1 ausgenommene Ente
wildes Fenchelkraut (ersatzweise 1 TL Fenchelsamen)
3 Rosmarinzweige
2 Knoblauchzehen
Salz und Pfeffer
2 EL Olivenöl extra vergine
1 Glas Weißwein
1/2 Glas Vin Santo
1 Tasse Brühe
1 EL Maisstärke

Die Ente waschen, Fenchelkraut, die abgestreiften Rosmarinnadeln und den Knoblauch feinhacken und mit Salz und Pfeffer mischen. Die Ente innen und außen mit dieser Mischung einreiben. Die Ente mit Zahnstochern verschließen, Backofen auf 200 Grad vorheizen, Ente mit Öl beträufeln und ins Rohr geben. Wenn sie Farbe anzunehmen beginnt, mit Weißwein und Vin Santo übergießen. Etwa 90 Minuten braten, zwischenzeitlich immer wieder mit Brühe anfeuchten.

Die Ente aus dem Ofen nehmen, von der Sauce das Fett abschöpfen und sie mit Maisstärke binden. Über die zerteilte Ente gießen und servieren.

toskanischer nicht sein könnten in Geschmack und perfekter Ausführung. Die Liebe zur Toskana hatte Helène schon gepackt, als sie sich entschloß, nach Siena zu gehen, um Französisch zu unterrichten. Indem sie den Frauen ihres Wohnviertels dann bei der Vorbereitung der traditionellen Contradenessen half, die auf den Straßen der Stadt abgehalten werden, begann ihre Liebe auch zur toskanischen Küche. Der passende Toskaner fand sich bald, und das Abenteuer »Bottega del 30« konnte beginnen. Der etwas ungewöhnliche Name bezieht sich auf das toskanische Sprichwort »La casa del 30, chi esce e chi entra«, was ungefähr so viel bedeutet wie der Vorwurf: »Dort geht es ja zu wie in einem Taubenschlag«. So war es wohl von Anbeginn im Hause des rastlosen Franco Camelia, und so wurde es Name und Programm seines Lokals, in dessen winzige Räume tatsächlich gerade mal dreißig Gäste passen. Nur im Sommer sind es ein paar Privilegierte mehr, die im winzigen Innenhof einen Platz reserviert haben. Kühl und schattig ist es dort und gemütlich wie auf einem Sofa vor einem offenen Kamin.

Sitzt man hier, kann einen so schnell nichts vertreiben, man möchte ewig in der Toskana bleiben. Und doch wird bei Uneingeweihten, sobald sie *zuppa di rana e porcini*, Suppe mit Froschschenkeln und Steinpilzen auf der Karte lesen, der schleichende Verdacht aufkommen, wieder in einem der faden Tempel internationalen Kochgekünstels gelandet zu sein. Er sei beruhigt, die Froschschenkel haben nichts mit Frankreich, viel aber mit toskanischer Tradition zu tun, wie man leicht bei den zahlreichen *sagre della rana*, den gastronomischen Dorffesten, die den Fröschen geweiht sind, überprüfen kann. Vertrauenerweckender klingt da

Malfattini di ricotta e spinaci con pecorino
Ricotta-Spinat-Klößchen mit Pecorino-Käse

Für 4 Personen

500 g frischer Spinat
200 g Ricotta
2 Eier
30 g geriebener Parmesan
Salz, Pfeffer
Muskatnuß
Mehl
200 g Pecorino-Käse
50 g Butter
50 g Mascarpone
1 Glas Milch

Den Spinat waschen und in Salzwasser kochen. Abgießen und fein hacken. Mit Ricotta, den Eiern und dem geriebenen Parmesan vermischen, salzen, pfeffern und etwas Muskatnuß darüber reiben. Eine Stunde im Kühlschrank ruhen lassen. Mit einem Teelöffel nußgroße Stücke ausstechen und auf einer bemehlten Arbeitsfläche zu Klößchen formen.

Den Pecorino in Stücke schneiden und zusammen mit Butter, Mascarpone und Milch im Wasserbad schmelzen.

Klößchen in kochendes Salzwasser geben, wenn sie auftauchen, abschöpfen und mit der Käsesauce übergossen servieren.

schon die *faraona nel cartoccio di foglie di vite*, das Perlhuhn, das in Weinblättern gekocht ist, was weiches, zartes Fleisch und einen angenehmen Beigeschmack zur Folge hat. Ebenso wird keiner kulinarisch fremdeln, wenn er *coniglio o piccione ripieno*, also gefüllte Kaninchen oder Täubchen vorgeschlagen bekommt oder die *sella d'agnello*, köstlich zarte Lammschulter in Brotkruste mit Spinat – Bekanntes und doch voller geschmacklicher Überraschungen.

Für jährlich neue Überraschungen sorgt auch eines der besten und aufregendsten Weingüter ganz Italiens, die nur wenige Kilometer entfernte Fattoria di Felsina, am Ortsausgang von Castelnuovo Berardenga in Richtung Villa a Sesta. Wenn Franco in Erinnerung an seinen alten Beruf die Zutaten in der Küche so ernst nimmt wie früher das

Pere cotte con zabaglione al vin santo

Gekochte Birnen mit Vin-Santo-Zabaglione

Für 4 Personen

4 Birnen
1 Flasche leichter Rotwein
2 EL Zucker
2 Gewürznelken
1 TL Zimtpulver

Für die Zabaglionecreme:

75 g Zucker
1 Glas Vin Santo
3 Eigelb

Die Birnen schälen und das Kerngehäuse ausstechen, dabei die Früchte ganz lassen. In den Wein Zucker, Nelken und Zimt geben und darin die Birnen 30–60 Minuten kochen, je nach Größe und Reifegrad.

Währenddessen für die Zabaglionecreme im Wasserbad den Zucker in Vin Santo auflösen, abkühlen lassen, die Eigelb schlagen und dazugeben. Von neuem im Wasserbad erwärmen und für 5–10 Minuten unter ständigem Rühren schaumig und cremig werden lassen.

Zabaglione auf den Tellern verteilen, die Birnen in Schnitze aufschneiden und sternförmig in die Creme legen. Lauwarm servieren.

verarbeitete Edelmetall, so behandelt der Hausherr in Felsina, der frühere Lateinprofessor Giuseppe Mazzocolin, die innere Struktur seiner Weine sorgfältig und aufmerksam wie die Grammatik der geliebten Sprache. Und weil nur der, der die Regeln auch wahrhaft beherrscht, gegen sie verstoßen darf, wurde er zum großen Revolutionär und Neuerer im toskanischen Weinbau. Legendär sind sein Fontalloro und die Riserva aus der Chianti-Classico-Lage Rancia, überholt ist die alte Schulweisheit, daß im Chianti keine großen Weißweine zu produzieren sind. Wer's nicht glaubt, muß nur einen I Sistri '92 trinken, einen Chardonnay aus den *barrique*-Fässern von Felsina.

CHIANTI

Vecchia Osteria

Der Bozzone ist das Grenzflüßchen zwischen dem ausgedehnten Gemeindegebiet von Castelnuovo Berardenga und der Stadt Siena und damit auch die Grenze zwischen Chianti Classico und Chianti Colli Senesi. Bis in die fünfziger Jahre gab es keine Brücke über den Fluß, diese Funktion übernahm ein zweirädriger Karren, den ein Alter samt Fracht an einer Furt durchs Wasser zog. So kamen die Bauern und Händler aus dem Chianti hinüber ins Stadtgebiet von Siena. Vor der »Überfahrt« war eine Rast die Regel, und dazu ging man in die *bottega*. Hier gab es fast alles zu kaufen: getrocknete Nudeln und Bohnen, Zucker und Mehl aus der nahen Mühle am Wasser und Olivenöl, das aus dem großen Tonkrug hinter der Theke geschöpft wurde. Auch Kohle war hier zu bekommen und man konnte sich die Schuhe flicken lassen, um sich in der Stadt zeigen zu können.

Natürlich gab es auch eine Wegzehr für den Heimweg oder man aß an wackeligen Tischchen eine kleine Stärkung – Stockfisch in Tomatensauce, in Salz eingelegte Sardellen zum ungesalzenen Brot, eine dicke Bohnensuppe oder andere einfachste, aber schmackhafte Gerichte. Dann spielte man Karten und sprach über die Abenteuer der Reise, die aufregenden Erlebnisse in der Stadt oder die Neuigkeiten aus den Dörfern in den Chianti-Bergen. Deshalb trägt die Vecchia Osteria ihren Namen mit vollem Recht, auch wenn heute die Theke und die Ölkrüge verschwunden sind, die Tische stabiler und das Essen, bei bleibender Ursprünglichkeit, raffinierter geworden ist.

Cinzia und Gianfranco haben den Laden vor fünfzehn Jahren übernommen und ihre ganze jugendliche Energie hineingesteckt. Herausgekommen ist ein neuerlicher Treffpunkt, der heute Grenzgänger zwischen kulinarischen Welten anzieht. Cinzia kocht, unter Mithilfe der Mutter und, wenn nötig, auch der Großmutter, die Gerichte des Landes, die sie mit kreativ leichter Hand in Eßvergnügen unserer Tage verwandelt. Natürlich macht sie die *pasta* selbst, eben-

Schiacciata con le noci
Nußbrot

1 Würfel Bierhefe
3 EL Olivenöl extra vergine
Salz und Pfeffer
1 kg Mehl
1 EL Schweineschmalz
200 g geschälte Walnüsse

Die Hefe in einem Glas lauwarmem Wasser auflösen und zusammen mit Öl, Salz und Pfeffer in das Mehl einarbeiten. Eine Kugel formen und den Teig 1 1/2 Stunden unter einem Tuch ruhen lassen. Ein oder mehrere Backbleche, je nach Größe, mit Schmalz einfetten und den ausgerollten Teig darauf ausbreiten. Er sollte etwa 2 Zentimeter dick sein. Mit den Nüssen bestreuen, diese in den Teig drücken, leicht salzen. Im auf 220 Grad vorgeheizten Ofen 20 Minuten backen.

so die *schiacciate con le cipolle* oder *con le noci*, das dünne Fladenbrot mit Zwiebeln oder Nüssen, letzteres, zusammen mit einem guten *pecorino*-Käse der Gegend, eine formidable Überraschung, zumal wenn man es mit etwas Honig serviert bekommt. Unter den Pastagerichten gefallen die *tagliatelle alla carbonara di verdure*, mit Gemüse also und deshalb erfreulich leicht, oder die mit Taubensauce, die im Herbst auf der Karte stehen. Ungewöhnlich und köstlich sind die Ravioli mit Stockfischfüllung, eine gelungene Interpretation einer traditionellen Speise aus den Zeiten, als man hier, weit weg von den Küsten, kaum einen anderen Meeresfisch kannte.

Zuppa inglese
Toskanische Süßspeise
Für 4 Personen

3 Eier
160 g Zucker
1 Tütchen Vanillepulver
70 g Mehl
abgeriebene Schale einer halben Zitrone
600 ml Milch
5 TL Kakaopulver
1 Packung Löffelbisquits
1 große Tasse Kaffee
Alchermes (ersatzweise beliebigen Likör)

In einem Kochtopf Eier mit Zucker und Vanillepulver verquirlen, das Mehl und die geriebene Zitronenschale dazumischen und mit der Milch verdünnen. Langsam zum Kochen bringen, dabei ständig mit dem Schaumbesen umrühren. Wenn sich eine geschmeidige Creme gebildet hat, Topf vom Feuer nehmen. Creme in zwei Teile teilen und die eine Hälfte mit Kakaopulver mischen. In einer flachen Schüssel abwechselnd eine Schicht helle Creme, dann Löffelbisquits, die kurz in Kaffee eingetunkt wurden, dann braune Creme, dann wieder Bisquits usw. Dabei immer wieder mit Alchermes beträufeln. Kalt servieren.

Das Fleisch kann nicht anders sein als gut, wenn man Paolo und Cesare Rapaccini als unmittelbare Nachbarn hat. Vater und Sohn zählen unbestritten zu den besten Metzgern des Chianti. Deshalb schmecken die Wurst- und Schinkenscheiben der Vorspeise, wie ein *antipasto toscano* schmekken soll, deshalb ist die *tagliata con rucola* die beste weit und breit. Das Fleisch ist von Chianina-Rindern, kurz und genau auf den Punkt über der Glut gegrillt und in feinen Streifen auf Rucolasalat mit bestem Olivenöl serviert. Die Rapaccinis beziehen ihr Fleisch von ausgesuchten kleinen Produzenten, die besondere Rinder halten, verfolgen die Aufzucht und Fütterung und schlachten die ausgewählten

Coniglio ripieno
Gefülltes Kaninchen

Für 4 Personen

1 Kaninchen
2 Eier
1 TL Butter
Salz und Pfeffer
6 Salbeiblätter
4 Knoblauchzehen
2 Scheiben roher Schinken
4 EL Olivenöl extra vergine
1 Glas Weißwein

Das Kaninchen entbeinen oder vom Metzger entbeinen lassen. Eier verrühren, Butter in der Pfanne zergehen lassen, Eimasse hineingeben und beidseitig gut braten. Die Innenseite des Kaninchens salzen, Salbeiblätter und halbierte Knoblauchzehen darauflegen. Omelette halbieren, mit beiden Hälften und dem Schinken das Fleisch belegen, zusammenrollen und gut zusammenbinden. Außen salzen und pfeffern, in eine Reine mit Öl geben und in den auf 170 Grad vorgeheizten Backofen schieben. Etwas Wein angießen und etwa 1 Stunde garen, nach einer halben Stunde nochmals Wein nachgießen. In Scheiben geschnitten mit dem Bratsud servieren.

Kälber nach 16 bis 18 Monaten. Die Tiere der heute in ganz Europa üblichen Rassen geben mehr, aber weniger geschmacksintensives und zartes Fleisch, der Erlös ist größer und der unkundige Kunde zufriedener. Aber das beeindruckt Metzger nicht, über deren Tür, wie hier bei den Rapaccinis, das Zeichen des »Consorzio delle 5 Erre« prangt, einer Vereinigung, die sich um den Erhalt der fünf wertvollsten Rinderrassen Italiens bemüht: *romagnola, podonica, chianina, maremmana und marchigiana*. Deren Arbeit zu unterstützen wird einem nebenan leicht gemacht.

Auch bei den anderen möglichen Hauptgängen bleibt nur die Qual der Wahl, etwa zwischen *faraona alle prugne* oder *coniglio alle olive nere*, Perlhuhn mit Pflaumen, ein Rezept, das schon am Medici-Hof beliebt war, oder Kaninchen mit schwarzen Oliven, bäuerliche Sonntagsfreude. Und ob höfisch oder bescheiden, alles schmeckt nur halb so gut ohne den richtigen Wein. Davon gibt es reichlich und bestens sortiert in Gianfrancos Weinkeller – kein Wunder in der südlichsten und größten Weinbaugemeinde des Chianti Classico. Dievole ist nicht weit, wo man beste Tropfen in ungewöhnlich etikettierte Flaschen füllt, in San Felice waren das Geld eines deutschen Versicherungskonzerns und das Können eines alten toskanischen Kellermeisters bis zum Jahrgang '93 eine glückliche Verbindung eingegangen. Aus Cacchiano, Castell'in Villa, dem winzigen Gut Le Trame oder aus Pacina kommen önologische Köstlichkeiten aus Frauenhand, und letzteres Weingut beweist, daß auch aus den Colli Senesi Spitzenweine kommen können.

Wenn man dann nicht aufstehen will, nach soviel Wein und von einem Platz wie diesem, dann zögert die Bestellung

eines Desserts den Aufbruch noch erfreulich weit hinaus. Eine *zuppa inglese* ließe sich empfehlen, die weder mit Suppe noch, zum kulinarischen Glück, mit England etwas gemein hat. Der seltsame Name kommt von *inzuppare*, was soviel wie eintauchen, einstippen bedeutet, und *inglese*, bezieht sich auf die Engländer, die sich im vergangenen Jahrhundert scharenweise in die verlassenen Villen um Florenz eingekauft hatten. Sie lernten von ihren Florentiner Köchinnen, wie köstlich Trockengebäck mit Konditorcreme schmeckt, vor allem, wenn man es vorher in Likör eingetaucht hat, am besten in Alchermes. Diese Florentiner Spezialität, deren Namen von dem arabischen Begriff für die getrockneten Blattläuse abgeleitet wurde, von denen das Getränk seine schöne rote Farbe hat, kam über Spanien hierher. Alchermes wird bis heute in der alten Apotheke des Klosters Santa Maria Novella in Florenz aus Zimtstangen, Nelken, Koriander und Muskatnuß hergestellt und ist dort auch käuflich zu erwerben.

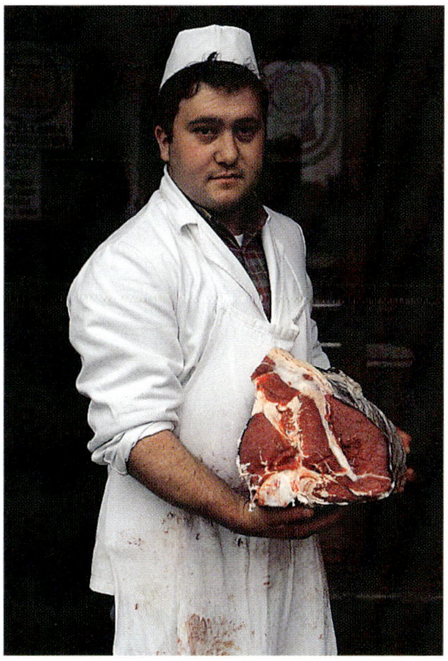

Osteria Bottega di Lornano

Der Name Lornano taucht schon in einer päpstlichen Bulle auf, die Clemens II. im Jahr 1189 an Bischof Bruno von Siena schickte. Heute hat der winzige Ort kaum noch 80 Einwohner und liegt vergessen an einer wenig befahrenen Seitenstraße. Vom ungefähr zehn Kilometer entfernten Siena aus kann man den Weg über Monteriggioni nehmen, wie es viele alteingesessene Sieneser Familien gerne am Wochenende tun, wenn sie zusammen mit Freunden und Verwandtschaft zu einem ausgedehnten Mittagessen aufs Land fahren.

Das alte Monteriggioni hat kaum mehr Häuser als Lornano, dafür aber ein riesiges Mauerrund von sechshundert Meter Länge, inklusive vierzehn quadratischen Mauertürmen. Dieses eigentümliche Gebilde inspirierte Dante im XXXI. Gesang seiner Göttlichen Komödie zur Beschreibung des höllischen Brunnens der Giganten. Die Befestigung stammt aus dem Jahr 1213 und wurde von den Sienesen während der bitteren Auseinandersetzungen mit Florenz um die Herrschaft über das Elsa-Tal errichtet.

Die noch schönere Anfahrt nach Lornano ist sicherlich der Weg über die alte römische Via Cassia, die man heute nördlich von Siena *chiantigiana* nennt. Biegt man kurz nach Quercegrossa in die kleine Sandstraße ein, kommt man durch eine intakte, bäuerlich geformte Landschaft, wie sie in dieser Ausgewogenheit selbst in der Toskana selten zu finden ist. Weinstöcke überall, auch hinter unserer Osteria, deren Besitzer auf anderthalb Hektar einen bemerkenswerten eigenen Chianti Classico anbaut, den er Il Chiostrino nennt. Es war Vater Alfiero Nastasi, der 1973 die Weinstöcke für Sangiovese-, Canaiolo-, Malvasia- und Trebbianotrauben in der traditionellen Verteilung angebaut hatte und den daraus gewonnenen Wein in seiner Bottega offen aus dem Faß verkaufte. Sie war das einzige Geschäft des Ortes, in dem man alles Lebensnotwendige fand. Das Foto Alfieros ziert heute das Etikett seines Weines. Sohn Massimo füllt ihn seit fünf Jahren auf Flaschen ab, seit er sich entschlossen hatte, die Bottega in eine Osteria umzuwan-

Risotto con la cipolla rossa
Risotto mit roten Zwiebeln

2 große rote Zwiebeln
1 EL Butter
Salz, Pfeffer
350 g Risottoreis
1 l Fleischbrühe
1 EL Sahne
50 g Parmesan

Die Zwiebeln fein schneiden, in der Butter glasig werden lassen, salzen und pfeffern. Den Reis hinzufügen und darin wenden. Die in einem separaten Topf kochende Brühe schöpfkellenweise angießen und den Reis unter ständigem Rühren in etwa 15-20 Minuten gar kochen. Sahne unterrühren, Käse darüberreiben, servieren.

deln. Damit wurde er nicht nur Weinbauer und Wirt, er arbeitet auch bis heute noch als Bankangestellter. Ehefrau Cinzia, deren Familie eine Trattoria in Montalcino betrieb und die deshalb genau wußte, welche Mühen dieser Entschluß mit sich bringen würde, war anfänglich mehr als skeptisch. Massimo hat es trotzdem gewagt, hat wegen Platzmangel die Familienküche kurzerhand zur Restaurantküche umgebaut und seine Osteria einfach, aber mit viel Geschmack eingerichtet. Im Sommer ißt man draußen auf dem Dorfplatz im Schatten eines alten Baumes. Nur wenige Autos kommen hier vorbei, einige aber fahren gezielt bis hierher. Es hat sich herumgesprochen, daß sich der Ausflug lohnt.

Man beginnt mit einem *antipasto della bottega*, das außer den üblichen und guten *crostini misti* den Appetit mit fritierten Zwiebelringen anregt, ebenso simpel wie köstlich. Wenn man auf den Geschmack gekommen ist, kann man mit einem Zwiebelrisotto weitermachen, auch dieses eine nicht alltägliche Überraschung, oder auch mit *pici del curato* mit frischen Tomaten, Oliven, Pilzen und Knoblauch, genauso hausgemacht wie die *gnocchi, tortelli* und alle anderen Nudelgerichte. Die Sommergerichte sind leicht und modern zubereitet, im Winter findet man noch die tra-

ditionelle *tegamata di maiale*, für Massimo eine Erinnerung an Kindheitstage und die kleine Schweinezucht des Vaters. Diese Köstlichkeit wurde am Abend nach dem Schlachten aus dem Schweineblut zubereitet, in dem Schweinebacken, Leber und die anderen weichen Stücke wie Lunge, Zunge und Milz ganz langsam gekocht haben, gemäß dem toskanischen Sprichwort »Il maiale l'è perfetto; non si butta via nulla«, will sagen, daß das Schwein perfekt ist und nicht ein Stück davon weggeworfen wird. Und dieses perfekte Wesen erfreut sich gerade im Sieneser Gebiet glücklicherweise wieder erhöhter Aufmerksamkeit, nachdem die heimische halbwilde Schweinerasse *cinta senese* schon fast ausgestorben war. Den Namen hat das schmackhafte Tierchen von seiner charakteristischen Zeichnung, die wie ein weißer Gürtel über Schultern und Vorderläufen liegt. Mit ihm wäre nicht nur ein lebendes Kulturdenkmal verschwunden,

das schon in Ambrogio Lorenzettis Fresko des Buon Governo im Palazzo Pubblico in Siena abgebildet ist, sondern auch ein äußerst erfreulicher Zeuge des herzhaften Geschmacks der Vergangenheit.

Pollo al limone

Huhn in Zitronensauce

Für 4 Personen

1 Huhn
Olivenöl
8 Salbeiblätter
1 Karotte
1 Stange Staudensellerie
1 Knoblauchzehe
1/2 TL Majoran
Salz, Pfeffer
1 Glas Weißwein
1 Tasse Fleischbrühe
1 Zitrone

Das Huhn waschen, zerteilen und zusammen mit Öl, Salbei, kleingehackter Karotte, Sellerie, Knoblauch und dem Majoran auf mittlerer Flamme anbraten. Salzen, pfeffern und den Wein angießen. Den Wein reduzieren, den Saft der Zitrone, Fleischbrühe und etwas geriebene Zitronenschale dazugeben und auf kleiner Flamme gar kochen.

Trattoria Montagliari

Einen besseren Platz für ein ausgedehntes sommerliches Festmahl als den Garten von Montagliari, im Schatten der Pergola, den gibt es nicht. Und besser als Giovanni Cappelli, genannt Minuccio, kann ein Wirt zu seinem Lokal gar nicht passen. Er ist nicht nur sein bester Stammkunde, der Tisch am Eingang der Trattoria ist immer für ihn und seine Freunde reserviert, alles an ihm gibt dem Gast das sichere Gefühl, willkommen zu sein.

Die Trattoria gehört zu einem Weingut, das seit 1730 im Besitz seiner Familie ist, als Monsignor Francesco Cappelli es als Lohn für seine Verdienste am großherzoglich toskanischen Hof bekam. Minuccio ist hier aufgewachsen und hat sich 1975 den Spaß erlaubt, die Trattoria zu eröffnen. Damals war die Entwicklung des Chianti noch ganz am Anfang, die große Landflucht noch nicht zu Ende und weit und breit war kein Gasthaus zu finden. Minuccio hatte noch viel Zeit, sich mit alten Rezepten zu beschäftigen, die er da und dort in Familienaufzeichnungen fand, »tutti i mangiari antichi di fattoria«, alles, was man auf dem Gut früher so gegessen hat.

Auch jetzt findet man nur Authentisches auf den Tellern, starke Geschmäcker, die sich ausgezeichnet mit den hervorragenden Weinen des Gutes ergänzen, dem erdigen Chianti, den Minuccio bis zurück zum Jahrgang '48 im Keller hat und der beweist, daß auch ein Chianti mit Anstand altern kann, wenn er nur gut gemacht, richtig gelagert und dann in Ruhe gelassen wird. Oder dem Brunesco, seinem hundertprozentigen Sangiovesewein mit dem samtigen Gaumen, einem Spitzenerzeugnis der neuen Weingeneration. Und schließlich ist da noch der »Vin Santo del Chianti Classico«, D.O.C. endlich auch er.

Bisher mußte dieser wertvolle Dessertwein, ein besonderes Produkt toskanischer Winzerkunst, mit der untersten Qualitätsbezeichnung »vino da tavola« belegt werden. Das D.O.C. oder »Denominazione di Origine Controllata«, also die »kontrollierte Herkunftsbezeichnung«, regelt nun ab

Cantucci
Mandelkekse

3 Eier und 3 Eigelb
250 g Zucker
400 g Mehl
1 Tüte Backpulver
1 EL geriebene Orangenschale
Salz
150 g Mandeln

3 Eier und 2 Eigelb zusammen mit dem Zucker schaumig schlagen. Langsam Mehl, Backpulver, Orangenschale und eine Prise Salz dazurühren. Mandeln in einer Pfanne kurz rösten, kalt werden lassen und in den Teig kneten. Aus dem Teig Rollen formen, flachdrücken, so daß sie etwa 1 Zentimeter dick und 3 Zentimeter breit sind, und auf das mit Backpapier ausgelegte Backblech legen. Mit dem restlichen Eigelb den Teig bestreichen und im auf 180 Grad vorgeheizten Rohr etwa 15 Minuten backen. Herausnehmen, schräg zu fingerbreiten Plätzchen schneiden und diese im Ofen nochmals 10 Minuten trocknen lassen. Zusammen mit einem Gläschen Vin Santo servieren.

sofort, welche Traubensorten zur Herstellung eines echten *vin santo* verwendet werden dürfen, und zwar mindestens 70 Prozent weiße Trebbiano und Malvasia, schreibt vor, daß die Trauben natürlich getrocknet werden müssen, nicht vor dem 1. Dezember und nicht nach dem 31. März abgepreßt werden dürfen, was seinerseits absolut gesundes Traubengut voraussetzt. Gärung und Lagerung erfolgen in *caratelli*, den speziellen Holzfässern, die höchstens fünf Hektoliter fassen dürfen. Darin lagert der einfache *vin santo* mindestens drei Jahre, und nicht weniger als vier, wenn er das Prädikat »Vin Santo del Chianti Classico Riserva« tragen soll. Beide müssen am Ende ihrer Reifung einen Alkoholgehalt von 16 Grad überschreiten.

Durch diesen gesetzlichen Rahmen wird der *vin santo toscano*, der in der traditionellen Weise hergestellt wird, vor dem Etikettenschwindel der Billiganbieter-Konkurrenz geschützt. Vin-Santo-Künstler wie Minuccio Cappelli können auch in Zukunft ihre ganze Erfahrung einsetzen, um aus dem klassischen Edelgetränk der Toskaner, das zu jedem besonderen Anlaß und dann zu jeder Tageszeit getrunken wird, eine bernsteinfarbene Essenz des Sommers zu zaubern. Nur die allergesündesten Trauben läßt er von geübten Helfern von Hand vorsichtig ernten und in gut durchlüfteten Räumen aufhängen. Nach der Trockenphase ist viel Wasser verdunstet, die Traube verschrumpelt und der jetzt abgepreßte Most zuckersüß. Er wird nun in den luftdicht verschlossenen *caratelli* in der *vinsanteria*, meist einem Raum im Dachboden, der Gärung und den Klimaschwankungen überlassen.

Signor Cappelli liebt wie alle echten Toskaner den vollen, leicht oxydativen Geschmack und die dunkle Farbe, die entstehen, wenn man vor dem Verschließen des Fasses noch ein gutes Stückchen Luft über dem Wein läßt. Aber auch reduktiver Ausbau ohne Luft ist möglich, wodurch der *vin*

santo weiniger und heller wird. Das Endprodukt, das man in Flaschen füllt, wird immer aus unterschiedlichen Fässern zusammengemischt, und eine ganz besondere Note erhält der Wein, wenn er zuvor noch einige Zeit in ehemaligen Whiskey- oder Cognacfässern verbracht hat. Man kann den Wein durchgären und damit »trocken« werden lassen, dann eignet er sich auch bestens als Aperitif und zu Lebercrostini; oder man füllt ihn ab, wenn noch nicht aller Zucker vergoren ist, und erhält jenen mildsüßen Dessertwein, der sich so hervorragend dazu eignet, die *cantucci* hineinzutauchen, eine weitere toskanische Urspezialität – Mandelgebäck, mit Brotteig, Honig und Spezereien hergestellt.

Angeblich waren es die Franziskaner der Basilica dell'Osservanza bei Siena, die Gewürze, die laut einem Dokument im 13. Jahrhundert erstmals in der Toskana auftauchten, nicht nur zur Herstellung von Medizin und heilenden Salben benutzten, sondern daraus allerlei Süßspeisen entwickelten. Den *farmacisti religiosi* taten es bald die weltlichen Apotheker Sienas nach. Auf diese gehen viele der heute noch produzierenden Zuckerbäckereien der Stadt wie Parenti, Sapori oder Pepi zurück.

Eine heilige Allianz also, die der »heilige Wein« mit dem Mönchsgebäck eingeht? Natürlich mag mancher Pfarrer den kräftigen Tropfen als Meßwein benutzt haben, seinen Namen hat er aber einer Verwechslung zu verdanken. Als bei den Feiern anläßlich des Konzils von 1439, das in Florenz zum Zwecke der allerdings nur kurz andauernden Wiedervereinigung der Ost- und Westkirche stattfand, diese besondere Köstlichkeit serviert wurde, hat wohl der byzantinische Kardinal Bessarione den Wein laut gelobt und mit dem schweren süßen Wein aus Xantos verglichen. Und da lag für die sprachunkundigen und frommen Toskaner nichts näher, als beim Anblick von Kardinalspurpur »Santos« daraus zu machen.

Ravioli con salsa di noci
Ravioli mit Nußsauce

Für 4 Personen

200 g geschälte Walnüsse
50 g Pinienkerne
1 Scheibe altbackenes Brot
2 Knoblauchzehen
1/8 l Sauermilch
2 EL Olivenöl extra vergine
Salz und Pfeffer
400 g frische Ravioli

Die Nüsse kurz in kochendes Wasser geben, abschöpfen und die Haut ablösen. In einem Mixer zusammen mit den Pinienkernen, dem eingeweichten Brot ohne Rinde und dem Knoblauch zermahlen. Aus dem Mixer nehmen, mit Sauermilch, Öl sowie Salz und Pfeffer gut vermischen.

Mit dieser Sauce verfeinert Minuccio seine frischen *ravioli* oder *tortelli*. Sie eignet sich ebenso gut zu *maccheroni, penne, fusilli* und anderen dicken, kurzen Nudelsorten.

Lepre in dolceforte
Wildhase süßsauer

Für 4 Personen

1 kleine Zwiebel
1 Karotte
2 Stangen Staudensellerie
etwas Petersilie
50 g roher Schinken
Salz, Pfeffer
1/2 Wildhase
4 EL Olivenöl extra vergine
1 Glas Chianti
1 TL Mehl
50 g Rosinen
30 g geriebene Bitterschokolade
30 g Pinienkerne
20 g kandierte Früchte
4 EL roter Weinessig
30 g Zucker

Zwiebel, Karotte, Sellerie, Petersilie und Schinken kleinhacken, salzen, pfeffern. Die Hasenhälfte in 8 Teile zerlegen und alles zusammen in Öl anbräunen. Wein angießen, Alkohol verdunsten lassen, etwas Fett abschöpfen, Mehl darüberstäuben und auf kleiner Flamme kochen, mehrmals löffelweise heißes Wasser dazugeben.

In der Zwischenzeit Rosinen, Schokolade, Pinienkerne, die gehackten kandierten Früchte, Essig und den Zucker in einer Schale gut vermischen und kurz vor Ende der Garzeit langsam zum Hasen dazugeben. Alles zusammen nochmals gut aufkochen lassen und heiß servieren.

Noch besser wird das *dolceforte*, das in der Toskana ebenso gerne und in der gleichen Art mit Wildschwein zubereitet wird, wenn man es nach dem Kochen über Nacht stehen läßt und erst am nächsten Tag aufgewärmt auf den Tisch bringt.

Und wenn man schon so erfolgreich süßen Wein herstellt, was liegt dann näher, als auch besten sauren Essig zu produzieren. So mag sich Minuccio Cappelli gedacht haben und war schon auf dem Weg, besten toskanischen *aceto balsamico* zu machen, ein Luxusprodukt, geschmacklich ausbalanciert, rund und samtweich, aromatisch und mit einer kleinen Säurespitze, dessen Herstellung ein ähnlich komplizertes Verfahren wie das der Cognacgewinnung ist. Allerdings darf sich nur der in Modena hergestellte Essig so nennen, der noch in ungefähr 800 kleinen Familienbetrieben handwerklich produziert wird. In der Toskana trifft man sehr viel seltener Bauern, die noch *aceto tradizionale* herstellen, wie das vergleichbare Produkt hier heißen muß. Der heute wichtigste Produzent Minuccio Cappelli von Montagliari nennt ihn jedoch, in sympathischer Eigensinnigkeit, *salsa di mosto*.

Die Anfänge dieser speziellen Essigzubereitung sind uns nicht mehr bekannt. Wir wissen aber, daß der Essig schon gerühmt wurde, als die Farnese im 16. Jahrhundert ihre rauschenden Feste feierten, und daß er spätestens im Jahr 1815 die internationale Bühne betrat. Francesco IV. d'Este, der Herzog von Modena, machte ihn dem Fürsten Metternich zum Geschenk und dadurch am Wiener Hof bekannt.

Er wird bis heute in verschiedenen Fässern aus Kirsch-, Kastanien-, Eschen-, Maulbeer-, Akazien- oder Eichenholz ausgebaut. Wacholderholz macht eine Ausnahme. Es gibt einen sehr starken Geschmack ab und kann nur verwendet werden, wenn man einen mindestens fünfzigjährigen Grundessig hat. Ein solches Faß kostet derzeit 10.000 DM und man muß darauf 15 bis 20 Jahre warten. Die Fässer werden zu drei Viertel mit einem auf die Hälfte eingekochten,

frisch gepreßten Most aus Trebbianotrauben gefüllt. Dieser wird mit Essigbakterien »geimpft«, indem man alten Weinessig hinzufügt.

Nun ruht das Faß. Das Fülloch ist nur mit einer Gaze gegen Schmutz geschützt, und darauf liegt ein Kalkstein. Die Dämpfe des Essigs lösen diesen auf, es entsteht Calciumcarbonat, das langsam in den Essig rieselt und zur Gärung beiträgt. Der süße Most wird langsam sauer. Der Gärungsprozeß kommt in der Kälte des Winters zum Stillstand, dann klärt sich der Essig, die Trübstoffe sinken nach unten ab. Mit steigenden Temperaturen setzt die Gärung wieder neu ein, wandelt aber nie alle Zuckeranteile um und beläßt dem *aceto tradizionale* seine tiefe Süße.

Pro Jahr verdunsten etwa 10 Prozent, die aus einem anderen Faß ergänzt werden. So mischen sich auch die Geschmacksnoten der unterschiedlichen Hölzer. Dieser Prozeß wird bei Capelli 15 Jahre lang wiederholt und das so entstandene dickflüssige, sirupartige wunderbare Konzentrat in kleinen Fläschchen verkauft. Diesen Essig tropft man sich auf ein Stück gegrilltes oder gebratenes Fleisch, aromatisiert damit eine Sauce, selten verwendet man ihn für einen Salat. Aber Minuccios Vanilleeis oder frische Erdbeeren mit ein paar Tropfen *salsa di mosto*, das sollte man probieren.

Osteria alla Piazza

»Siete nel mondo del gallo nero«, »Ihr seid in der Welt des schwarzen Hahns«, steht auf der großen Tafel an der Straße, und die Landschaft dahinter könnte der Vorstellung gar nicht besser entsprechen, die jeder von der Toskana mit sich herumträgt. Im Chianti schlägt das Herz der Toskana, und hier erfährt man ihre wahre Natur: stark und elementar und gleichzeitig von hinreißender Harmonie. Diese Landschaft wurde von Menschen erschaffen, trägt die Spuren ihrer Mühen und Qualen, sie wurde aber auch von Menschen erdacht, geplant und ist ein Bild ihrer Kultur. Sie haben sich den Boden zunutze gemacht, ihn kultiviert, ohne ihn zu denaturieren, und es scheint Kraft von diesem Menschenwerk auszugehen. Viele Ausländer haben sich in den Hügeln niedergelassen. Ihre Bedürfnisse sind andere als die der einheimischen Bevölkerung. Und doch werden sie alle berührt von der Ruhe und Weite des Blickes, von der Bescheidenheit der Natursteinhäuser und der Behutsamkeit bäuerlicher Vorausschau. Unmerklich läßt der unselige Drang nach, etwas verändern zu wollen. Man kann das, hinter allen Moden, als Liebe verstehen, Liebe, die nie erzwungen werden kann, sondern wachsen muß.

Es fällt nicht schwer, derartigen Gedanken an den Tischen der Osteria alla Piazza nachzuhängen. Die Località La Piazza ist ein kleiner Flecken von einigen wenigen Häusern auf den Höhen zwischen Panzano und San Donato. Und da es wahr ist, daß die Liebe, auch und gerade zu einer Landschaft, durch den Magen geht, tun Padrone Gianni Lecchini und sein Koch Tiziano das ihrige, um diese Liebe zu fördern, bringen Gerichte auf den Tisch, die neben dem spektakulären Ausblick bestehen können. Wunderbare *primi piatti* wie *fagottini di zucca gialla*, Teigtaschen mit einer Kürbis- und *ricotta*-Käsefüllung und einer Kaninchensauce, oder ihre *girasoli*, Sonnenblumen genannte runde Teigtaschen, die je nach Jahreszeit ganz unterschiedlich gefüllt werden und wie die toskanische Sonne selbst auf dem Teller lachen. Als Hauptgericht ist auch im Sommer eine *tagliata di manzo con rucola*, im Herbst con porcini, nicht zu

Tagliata con rucola
Rindfleischstreifen mit Rauke

Für 4 Personen

1 *bistecca fiorentina* von 800–1000 g (oder T-bone-Steak)
150 g Rauke
Salz, Pfeffer
6 EL Olivenöl extra vergine
Saft einer großen Zitrone

Die *bistecca* kurz und scharf auf beiden Seiten ungesalzen grillen oder anbraten. Vom Feuer nehmen und noch 4-8 Minuten ziehen lassen, bis das Fleisch innen gleichmäßig rosarot geworden ist. Erst dann vom Knochen lösen und in Streifen schneiden.

Auf die Teller den Raukesalat legen und darauf die Fleischstücke. Jetzt salzen, pfeffern und mit Olivenöl, zu gleichen Teilen gemischt mit Zitrone, beträufeln und servieren.

schwer, die aus dem in dünne Streifen geschnittenen geschmackvollen Fleisch einer kurz gegrillten *bistecca fiorentina* gemacht wird, ergänzt mit bitterem wilden Rucolasalat oder Steinpilzen. Und eine überraschende Nachspeise, die Gianni und Tiziano nach ihrem Aussehen *tartarughe*, Schildkröten genannt haben, zeigt, daß kulinarische Kreativität hier oben schon immer den einfachsten Zutaten ihre besten Seiten abgewonnen hat, auch wenn es sich dabei um Cornflakes handelt.

Was könnte zudem schöner sein, als einige der besten Tropfen der Gegend auszuprobieren: Man kann getrost mit dem Hauswein beginnen, einem samtigen Chianti Classico, den noch immer Giannis Vater selbst herstellt. Er ist der liebenswürdige Besitzer der schönen Villa hinter der Osteria und Herr über die umliegenden Weinberge sowie zahlreiche Bienenvölker, die fleißig Honig, Pollen und Wachs produzieren. Wenn man sich danach die Qualitätsleiter weiter nach oben trinken möchte, findet man in Gianni einen verständigen und hilfreichen Berater. Zu viele Weine der umliegenden Hügel haben in den letzten Jahren den entscheidenden Qualitätssprung nach vorne gemacht, als daß man sich die Namen alle merken könnte. Und doch sind Beispiele wie die Weine der nahen Fattoria di Carobbio die Ausnahme. Auch hier war es ein Orts- und Berufsfremder, in diesem Falle ein Mailänder Textilindustrieller, der von der Liebe zum Chianti verändert wurde. Eigentlich wollte er nur ein Wochenendrefugium, jetzt hat er einen neuen Betrieb am Hals und ist trotzdem glücklich. Seiner Önologin Gabriella Tani hat er die wirtschaftlichen Mittel und seine eigene Begeisterungsfähigkeit zur Verfügung gestellt,

A ALLA PIAZZA

Tartarughe

Schildkrötenplätzchen

300 g Mehl
3 Eier
200 g Zucker
150 g Butter
1 Tüte Backpulver
100 g Cornflakes
50 g Schokoladensplitter
30 g Pinienkerne

Mit Mehl, Eiern, Zucker, Butter und Backpulver einen nicht zu festen Teig bereiten. Cornflakes, Schokolade und Pinienkerne dazumischen, mit einem Eßlöffel Häufchen ausstechen und auf ein mit Backpapier belegtes Blech geben. Im auf 180 Grad vorgeheizten Ofen etwa 25 Minuten backen. Schmeckt ausgezeichnet zu Vin Santo.

und sie hat ihn und uns mit wunderschönen Weinen belohnt, die darauf warten, entdeckt zu werden.

Gianni, sympathisch mit Schnauzer, stellt Gläser auf den Tisch und entkorkt eine Flasche. Er hat die Osteria erst vor wenigen Jahren im elterlichen Gut eröffnet. Dafür hängte er seinen angestammten Beruf als Lehrer für Elektrotechnik an den Nagel und überzeugte seinen Freund Tiziano, Schreiner mit Passion fürs Kochen, von seiner Idee. Beide investierten ihr handwerkliches Können in den Um- und Ausbau und merkten erst nach der Eröffnung, auf was für ein Abenteuer sie sich da eingelassen hatten: Anfänglich bangten sie um Gäste in ihrer gottverlassenen Gegend, heute rackern sie in den Sommermonaten weit mehr, als ihnen lieb ist. Trotzdem spürt man ihren Stolz auf das Erreichte, wenn sie sich, nachdem alle hungrigen Gäste versorgt sind, zusammen an einen Tisch draußen im Garten setzen und ein Gläschen trinken.

BORGO
ANTICO

Locanda
Borgo Antico

Die Herkunft des Namens Lucolena, den eine kleine Ansammlung von Häusern auf der Höhe zwischen dem Arno- und dem Greve-Tal trägt, ist umstritten. Manche meinen, er setze sich aus den beiden lateinischen Wörtern *lucus lenae* zusammen und bringen sie mit einer sagenhaften Löwin in Verbindung, die vor langer Zeit in den Wäldern gehaust haben soll. Andere berichten von Luco und Lena, die als altes Paar alleine eine schreckliche Pestepidemie überlebt hatten. Oder trifft die Hypothese zu, daß in der antiken Ansiedlung, von der Reste gefunden wurden, Lena, eine Priesterin der Vesta, im *luco*, dem heiligen Wald des Bacchus, lebte?

Darüber kann man sich gelehrt mit Adriano Marunti unterhalten, dem Besitzer der Terrasse, auf der man unter Weinlaub sitzt, der umliegenden Hügel, auf die man blickt und der Häuser im Rücken, liebevoll restauriert und unter dem Namen Locanda Borgo Antico gastfreundlich eröffnet. Signor Adrianos Familie sitzt seit mehr als tausend Jahren auf diesen Steinen, die zu Zeiten zu einer kleinen, stolzen Festung mit Wehrturm aufgeschichtet waren, dann wiederum nur niedergerissene Mauern, wenn sich, wie etwa 1302, die Grafen von Lucolena unklugerweise mit den Guelfen verbündeten und die Wut der Ghibellinen zu spüren bekamen.

Aber bald erscheint es angebrachter, an Lucullus zu denken, den reichsten aller Römer, Besitzer prachtvoller Villen und Bibliotheken, von Fischteichen, Tiergärten, berühmten Kirschplantagen und riesigen Obstgärten, ein Förderer von Kunst und Wissenschaft. Hier oben kommt er einem wegen der Namensähnlichkeit in den Sinn und wegen seiner sprichwörtlichen Fähigkeit, seine Reichtümer auch zu genießen. So genießt man lukullisch-schwelgerisch die in überreichem Maß angetroffene Ruhe, die reine, kühle Luft, die aus den sommerheißen Tälern heraufgelockt hat und einem nun aus den Kastanienwäldern entgegenströmt, die einfachen Köstlichkeiten, die aufgetragen werden.

Gran farro
Dinkelsuppe mit Bohnen
Für 4 Personen

200 g weiße Bohnen
100 g Dinkel
Salz, Pfeffer
1 EL Schweineschmalz
1 Zwiebel
1 Karotte
1 Stange Staudensellerie
1 Knoblauchzehe
3 Salbeiblätter
2 geschälte Tomaten
2 EL Olivenöl extra vergine

Bohnen und Dinkel über Nacht einweichen. Dann Bohnen in Salzwasser weichkochen. Mit etwas Kochwasser pürieren und pfeffern. Im Schmalz Zwiebel, Karotte, Sellerie und Knoblauch, alles kleingehackt, andünsten, Salbeiblätter und Tomaten dazugeben und mit Wasser knapp bedeckt 1/2 Stunde in geschlossenem Topf köcheln. Anschließend pürieren, mit den pürierten Bohnen aufkochen. Dinkel dazugeben und weitere 40–50 Minuten kochen, bis der Dinkel weich ist. Mit etwas Olivenöl beträufeln und servieren.

Panzanella
Toskanischer Brotsalat
Für 4 Personen

400 g altbackenes Bauernbrot
Salz
4 reife Fleischtomaten
2 frische Zwiebeln
1 Salatgurke
10 Basilikumblätter
6 EL Olivenöl extra vergine
1 EL guten Weinessig

Das Brot in dicke Scheiben schneiden und 15 Minuten in Wasser einweichen. Das Wasser gut auspressen, das Brot in eine Schüssel legen, salzen. Tomaten, Zwiebeln und Gurke in dünne Streifen schneiden und dazulegen, Basilikumblätter kleinzupfen und darüberstreuen, mit Öl übergießen. Vorsichtig mischen, im Kühlschrank kalt werden lassen. Vor dem Servieren mit Essig beträufeln und nochmals wenden.

Stefano Fissi hat sieben Jahre lang mit seiner Frau Patrizia die Bar am römischen Theater in Fiesole oberhalb von Florenz geführt. Patrizia hat auch hier schon Kleinigkeiten gekocht, aber immer von einer richtigen eigenen Küche geträumt. Dann haben sie die Anzeige gelesen, mit der Signor Adriano einen Pächter für Lucolena gesucht hat, sind hergekommen und nicht mehr weggegangen. Patrizia kocht jetzt eine klassische Bohnen-Dinkel-Suppe, die Stefano gesprächig heiter als *gran farro* ankündigt, sie macht unter zahlreichen Nudelgerichten ausgefallene *quadrotti alle erbette*, Maultaschen mit Kräutern, einen *risotto pere e gorgonzola*, mit Birne und dem bekannten Edelschimmelkäse, der auf der Zunge zergeht, *maiale all'arancia*, Schweinebraten mit Orange oder in einer anderen Version mit Oliven als Hauptspeise und schiebt für Vegetarier unter ihren Gästen einen Pecorino-Käse in den Ofen. Verschmitzt schreibt Stefano ans Ende der Speisekarte: »Pane e servizio? No grazie.«

Risotto pere e gorgonzola
Risotto mit Birne und Gorgonzola

Für 4 Personen

1 kleine Zwiebel
4 EL Olivenöl extra vergine
320 g Risottoreis
2 Glas Weißwein
2 reife, aber feste Birnen
180 g Gorgonzola
3/4 l Gemüsebrühe
1 EL Butter
2 EL Parmesan, frisch gerieben

Die Zwiebel kleinschneiden und im Öl glasig werden lassen. Reis hinzufügen und mischen, bis alles trocken erscheint. Weißwein angießen und verdunsten lassen. In einem zweiten Topf die Brühe erhitzen. Birnen schälen, Kerngehäuse entfernen und in Stücke schneiden. Diese zum Reis geben, etwas Brühe angießen und unter ständigem Rühren und Neuzugabe von Brühe kochen, bis das Reiskorn nach etwa 15 Minuten noch einen recht kernigen Biß hat. Den Gorgonzola stückchenweise dazugeben und unter Rühren auflösen. Butter und Parmesan unterziehen und nun den Reis der Abschlußprozedur unterziehen, die man *mantecatura* nennt: vom Feuer nehmen, mit einem Deckel abgedeckt noch 2 Minuten ziehen lassen und sofort servieren.

Trattoria
Il Poggio

Fiorella, die Frau von Giannetto Catinari, hatte einen regelrechten Nervenzusammenbruch, als sie erfuhr, daß sie die Badia a Coltibuono verlassen mußte, wo sie 26 Jahre ihres Lebens verbracht hatte. Verständlich, nicht nur wegen des wunderschönen Platzes. Die Catinari hatten sich hier mit ihrer Kochkunst einen Namen gemacht und bewirteten eine begeisterte internationale Stammkundschaft.

Zum Glück gab es noch das kleine Häuschen in den einsamen Hügeln zwischen Gaiole und Radda, das Giannetto schon vor längerem günstig gekauft hatte, um hier seine alten Tage zu verbringen. Und unweit davon fand sich auch eine ungenutzte Scheune, die er jetzt mit viel Liebe und Geschmack in ein Lokal verwandelte, das er 1992 eröffnete.

Die »alten« Gäste waren plötzlich alle wieder da. Keiner wollte auf *spaghetti alla Giannetto* verzichten, die nach wie vor in der einfachen Aluminiumpfanne auf den Tisch gestellt werden. In der Küche steht noch immer die unermüdliche Tante Lisetta und bereitet täglich frisch ihre berühmten *tortelli della zia* mit der delikaten Füllung aus *ricotta* und Spinat und einem Hauch Muskatnuß. Giannetto selbst macht sich in letzter Zeit etwas rar, überläßt das Feld der nächsten Generation. Nur abends kommt er noch regelmäßig, um mit den vielen Freunden und Bekannten zu schwatzen, die auch seinetwegen den neuen Weg hierher machen.

Valentina, die jüngere Tochter, schlängelt sich behend zwischen den Tischen hindurch, beladen mit Tellern und Platten, die verlockender gar nicht duften könnten. Anita erklärt inzwischen mit Engelsgeduld die Speisekarte, denn natürlich lockt der Ruhm auch zahlreich fremdsprachige Kundschaft. Schade, wenn dann doch nur, um ja nichts falsch zu machen, das übliche Huhn bestellt wird. Und trotzdem ist der fröhliche Mistkratzer, geöffnet, mit einem Ziegel platt gemacht, deftig gewürzt und auf dem Grill gegart, für manchen anglophonen Gaumen schon Einstieg in die Wunderwelt der toskanischen Gaumenfreuden.

Brasato con il Chianti
Schmorbraten mit Chianti

Für 4 Personen

800 g Rinderrollbraten
1 Flasche Chianti
Salz, Pfeffer
1 Stange Staudensellerie
2 Karotten
1 Zwiebel
1 Knoblauchzehe
6 EL Olivenöl extra vergine
2 TL Butter
50 g roher Schinken
1 geschälte Tomate

Das Fleisch mit Salz und Pfeffer einreiben, mit Chianti bedecken und mindestens 6 Stunden kühl stehen lassen. Das Fleisch abtrocknen, in Öl gut anbräunen, den Wein, in dem es gelegen hat, langsam angießen und für etwa 2 Stunden köcheln lassen.

Kurz vor Ende der Kochzeit Sellerie, Karotten und Zwiebel in grobe Stücke schneiden und zusammen mit der Knoblauchzehe in Butter anbräunen, anschließend den Schinken und die Tomate dazugeben und auf kleiner Flamme weichdünsten. Passieren und über das Fleisch geben, servieren.

Eine Freude für Fortgeschrittene ist der *brasato con il Chianti*, von dem wir sogar das Rezept ergattern konnten. Bei den *spaghetti alla Giannetto* ist uns das leider nicht gelungen, Tante Lisetta hütet eifersüchtig die Rezepte des Bruders, und dabei haben wir es denn auch belassen und uns lieber dem Genuß des gefüllten Täubchens hingegeben, das man so nur selten bekommt. Im übrigen ist alles, was die Küche im Il Poggio verläßt, von einer so erfreulichen Qualität, daß es sich lohnt, das Risiko einzugehen, auch einmal etwas gänzlich Unbekanntes zu bestellen. In jedem Fall sollte man aber mit den *antipasti misti toscani* beginnen. Dazu gehören Giannettos *crostini*, deren Aufstrich separat in einem auf einem Stövchen warmgehaltenen Schälchen gebracht wird, schlicht die besten dieser simplen toskanischen Vorspeise.

Auch beim Wein empfiehlt es sich, eingefahrene Gewohnheiten zu verlassen, weder nur Rot oder Weiß zu bestellen, noch, am anderen Ende der Sich-mit-Wein-beschäftigen-Skala, locker die vier bis fünf gerade modernen Chianti-Labels zur Diskussion zu stellen, die allen am Tisch Versammelten ohnehin längst bekannt sind. Hier oben schmekken die Gerichte nach dem Boden, aus dem sie kommen. Warum sollte man dann nicht, an Ort und Stelle, auch Weine dazu trinken, die selbige Eigenschaft in höchst erfreulicher, weil flüssiger Form aufweisen?

Folglich erst einmal einen Chianti Classico Riserva von Castello di San Polo in Rosso ins Glas und dann die Nase – man riecht reife Früchte und trockene Gewürze. Erst jetzt darf getrunken werden. Ist der Sommertag heiß und auch das bestellte Essen danach, dann könnte es auch ein »Le Coccole« sein, ein feinwürziger Weißwein auf der Basis von

Penne al radicchio e salsiccia
Kurze Röhrennudeln mit Radicchio und Bauernwurst

Für 4 Personen

1 Zwiebel
2 EL Olivenöl extra vergine
4 frische toskanische Bauernwürste (ersatzweise grobes Bratwurstbrät, mit Knoblauch und Chilipfeffer nachgewürzt)
1/2 Glas Weißwein
1 Kopf roter Radicchiosalat
400 g Penne
1 EL frische Sahne

Die kleingeschnittene Zwiebel im Öl glasig werden lassen. Die Würste häuten, in der Pfanne zerteilen und anbraten. Den Wein angießen und verdunsten lassen. Den Radicchio in Streifen schneiden und mitkochen.

In der Zwischenzeit die Nudeln *al dente* kochen, abgießen, in die Pfanne geben, die Sahne hinzufügen, alles gut wenden und servieren.

Sauvignontrauben aus demselben Weingut, der seinem Namen alle Ehre macht, Streicheleinheiten für Gaumen und Seele. Aber den Verdauungsspaziergang anzutreten, ohne ein Glas Cetinaia probiert zu haben, wäre eine Sünde wider den Geist dieses Ortes. Aus 100 Prozent Sangiovese ist er gekeltert, gereift in *barrique*, Vanilleduft verbindet sich angenehm mit dem nach reifen Johannisbeeren und Sauerkirschen, und der volle runde Geschmack weist einen hauchzarten Anklang an Schokolade auf, der für die Sangiovesetrauben dieser Zone so typisch ist.

Schwer fällt es da, vom Tisch aufzustehen und jenen angekündigten Spaziergang dann doch noch zu machen. Führt einen dieser die Staubstraße hinter Giannettos Haus hinunter, wird man allerdings durch den weiten Blick über die gepflegten Weinberge belohnt, an deren Ausbeute man gerade so lustvoll genippt hat. Leute mit Sportsgeist schaffen es auch bis hinunter zum wunderschönen, neunhundert Jahre alten Schloß San Polo in Rosso, das dem Geschmack und Engagement seiner Besitzer, dem römischen Antiquitätenhändler Cesare Canessa und seiner deutschen Frau Katrin, seine gelungene Restaurierung verdankt. Dem Önologen Maurizio Castelli, der auch für andere große Weine aus den Weingütern Volpaia, Badia a Coltibuono und Castellare im Chianti Classico, Poliziano und Boscarelli im Gebiet des Nobile di Montepulciano und Argiano, Col D'Orcia und Castiglion del Bosco um Montalcino verantwortlich zeichnet, verdanken die Weine in den Kellern der alten Wehrburg und unter der schönen romanischen Kirche ihren modernen Charakter, der aus dem Potential traditioneller Gegebenheiten entstanden ist.

da Giannetto

OSTERIA PATERNA

Osteria Paterna

Terranuova Bracciolini, ein größerer Marktflecken im Arno-Tal, verdankt seinen eigenartigen Doppelnamen dem Humanisten und Kanzler der Republik Florenz, Poggio Bracciolini, der 1380 hier geboren wurde. Das Dorf selbst war um 1300 als Terranuova gegründet worden, als Grenzbefestigung zwischen Florentiner und Aretiner Staatsgebiet. Von den alten Festungsanlagen hat so gut wie nichts die heftigen Bombardements des Zweiten Weltkrieges überdauert, nur der rege Geist des alten Handelsplatzes an einer der wichtigsten Nord-Süd-Verbindungen ist bis heute geblieben.

Die Familie Setti ist seit mehr als 50 Jahren Inhaber einer Metzgerei in Terranuova, weithin gerühmt für ihre ausgezeichneten Wurstwaren und das ausgesuchte Fleisch kleiner Produzenten der ländlichen Gegend. Diese Spezialitäten kann man als Durchreisender am besten in der Osteria Paterna probieren, die von Paolo Setti, seiner Frau Tiziana und dem Bruder Fabrizio betrieben wird. Sie liegt an den leicht ansteigenden Hängen des Arno-Tales, die hinauf zum Pratomagno-Gebirge führen, etwas 10 Kilometer außerhalb von Terranuova an der Strada dei Sette Ponti Richtung Arezzo. Diese alte Römerstraße hat ihren Namen von den zahlreichen Brücken, die über die ebenso zahlreichen kleinen Wasserläufe führen, welche vom Gebirge hinunter zum Arno fließen.

Die Abzweigung ist nur für den zu finden, der weiß, wonach er sucht. So sitzen an herrlich lauen Sommerabenden auf der Wiese vor dem Bauernhaus und an lausig kalten Winterabenden vor den drei befeuerten Kaminen viele fröhlich tafelnde Einheimische und wenige findige Fremde. Die Köstlichkeiten auf ihren Tellern kommen, soweit sie im Boden gewachsen sind, von den umliegenden Feldern und Äckern, die von einer rein biologisch arbeitenden Kooperative bearbeitet werden. Eingelegte Produkte und den eigenen Chianti Colli Aretini kann man im kleinen Laden neben der Osteria kaufen.

Es lohnt sich, mit der hauseigenen gemischten Vorspeise zu beginnen, die immer die unvergleichliche *finocchiona* enthält, eine dicke frische Salami mit wildem Fenchelsamen und Knoblauch gut gewürzt. Ab September wird dazu das Fruchtfleisch frisch gepflückter Feigen serviert. Allein diese Kombination ist schon die Anreise wert. Ein anderes Mal findet man winzige gedünstete *fagioli zolfini* auf dem Teller, und man beneidet die Toskana um ihren Reichtum an Bohnensorten.

Aber auch die besten Zutaten setzen erfahrene und inspirierte Köche voraus, um zu erfreulichen Gerichten zu werden. Davon gibt es in der Osteria zwei: die sympathische Signora Maria, die täglich ihre frischen Nudeln, *gnocchi* und *tortelli,* mit den dazugehörigen Saucen zaubert und den nicht minder sympathischen Umberto, der sich auch im Pensionsalter noch nicht vom Herd verabschieden will. Früher hat er die Kantine des Verlages Rizzoli in Mailand betrieben, und heute bruzelt er bei seinen Freunden Setti die großen toskanischen Hühner in der Tonform als *pollo ruspante al mattone*, ein Name, der an die Backsteine erinnert, zwischen denen man die Mistkratzer in früheren Zeiten gegart hat, sowie die Kaninchen und die wahre *bistecca fiorentina*. Alles geschieht am Kamin über sanfter Glut und daß die *fiorentina* erst ganz zum Schluß gesalzen wird, um nicht hart zu werden, ist für Umberto ein Glaubensgrund-

satz, den er heftig gegen alle Abweichler verteidigt. Diese würzen das Fleisch schon auf dem Grill mit wenig grobem Meersalz, um ihm mehr Geschmack zu geben. Gleichermaßen wichtig für die Anhänger beider Richtungen ist ein gut durchwachsenes Stück von einem Chianina-Kalb, den weißen Rindern aus dem Tal der Chiana bei Arezzo, zwei bis drei Daumen dick geschnitten und gut abgehangen.

Dafür sorgt Metzgermeister Paolo Setti ebenso wie für gute Enten, die für die berühmteste Spezialität des Arno-Tales, *anatra in porchetta*, benötigt werden. Dieser Entenbraten ist gewürzt wie die eigentliche *porchetta*, das im Pizzaofen gebratene Spanferkel, das man in ganz Mittelitalien in Imbißwagen am Straßenrand angeboten bekommt. Und was man in anderen Teilen der Toskana *pappardelle* nennt, wird im Arno-Gebiet als *maccheroni* bezeichnet, auch hier *sul coniglio* oder *sulla lepre*, mit Kaninchen- oder Hasensauce, serviert. Eine ganz eigene Spezialität aus Terranuova findet sich natürlich auch auf der Speisekarte, *pollo in umido con polpettine di sedano*, geschmortes Huhn mit Selleriefrikadellen, ebenso wie der typische Aretiner Fleischeintopf *scottiglia*, der mit Huhn, Kaninchen, Taube, Lamm und, wenn vorhanden, Wild zubereitet wird. Alles wird stundenlang mit reichlich Kräutern geschmort und auf geröstetem altbackenem Brot serviert. Dieses Gegenstück zum Fischeintopf *caciucco livornese*, den man an der toskanischen

Anatra in porchetta
Gewürzente

Für 4–6 Personen

1 Ente
Salz, Pfeffer
6 Knoblauchzehen
4 Salbeiblätter
1 Rosmarinzweig
1 Majoranzweig
1 Thymianzweig
1 TL wilder Fenchelsamen

Die Ente mit Salz und Pfeffer innen und außen gut einreiben, mit den geschälten Knoblauchzehen, den abgestreiften und feingehackten Kräutern und dem Fenchelsamen füllen. In eine feuerfeste Form oder Reine legen und im auf 180 Grad vorgeheizten Backofen ungefähr 2 Stunden braten. Nach etwa 15 Minuten mit etwas Wasser übergießen, damit die Haut nicht verbrennt, und kurz vor Ende der Garzeit die Temperatur auf 250 Grad erhöhen, um eine schöne Kruste zu bekommen.

Pappardelle sul coniglio
Breite Eierbandnudeln mit Kaninchensauce

Für 4 Personen

1/2 Kaninchen mit der Leber
1 Zwiebel
1 Karotte
1 Stange Staudensellerie
1 Knoblauchzehe
2 Rosmarinzweige
4 EL Olivenöl
1/2 Glas Weißwein
Salz, Pfeffer aus der Mühle
400 g geschälte Tomaten
400 g frische breite Bandnudeln
40 g geriebener Parmesan

Zwiebel, Karotte, Sellerie und Knoblauch kleinschneiden und zusammen mit dem Rosmarinzweig im Öl anbraten. Das Kaninchen waschen, trocknen, in 6-8 Stücke schneiden und dazugeben. Leicht anbräunen und den Wein angießen. Wein verdunsten lassen, salzen, pfeffern und die Tomaten dazu fügen. Zugedeckt etwa 30 Minuten auf mittlerer Flamme kochen lassen, bei Bedarf etwas warmes Wasser zufügen. Die Fleischstücke herausnehmen, vom Knochen lösen, kleinschneiden und zusammen mit der Leber wieder in die Sauce geben. Weitere 15 Minuten köcheln, gegen Ende die Nudeln *al dente* kochen, abgießen und unter die Sauce mischen. Mit etwas frisch geriebenem Parmesan überstreut servieren.

Küste ißt, wurde früher nur an Festtagen auf den Tisch gebracht.

Von den Hängen des Pratomagno stammen die kleinen, süßen Eßkastanien, aus deren Mehl man die *polenta dolce* bereitet, die zusammen mit *ricotta* einen köstlichen Nachtisch ergibt. Das Mehl wird noch in einigen kleinen Mühlen im nahen Loro Ciuffenna gemahlen. In der schönsten unter ihnen, der aus dem 17. Jahrhundert stammenden Mulino Parigi, mitten im Dorf, kann man es auch in kleinen Mengen kaufen. Eine gute Gelegenheit, den kuriosen mittelalterlichen Ort zu besichtigen, der auf einem Felsvorsprung zwischen zwei Flüßchen, die sich tief in das Gestein eingegraben haben, kaum Platz gefunden hat. Auch Freunde zeitgenössischer Kunst kommen auf ihre Kosten, wenn sie das anregende Museum des einheimischen Malers und Bildhauers Venturino Venturi besuchen. In die Vergangenheit führt dagegen ein Besuch der wunderschönen Pieve di San Pietro in Groppina, eine Gründung Karls des Großen, im frühen 13. Jahrhundert stark überarbeitet und eines der schönsten Beispiele toskanischer Romanik. Der Besitz wurde 1489 Angelo Poliziano übereignet, dem gefeierten Humanisten und Lehrer der Kinder Lorenzos des Prächtigen. Auf jeden Fall sollte man beim Pfarrer den Schlüssel erbitten und das geheimnisvolle Halbdunkel im Kircheninneren genießen, das durch die originalen Alabasterscheiben bedingt ist und die schöne lombardische Kanzel kaum erkennen läßt.

Trattoria
La Scuderia

Ländlicher, toskanischer könnte ein Fest nicht sein. Die Frauen des Dorfes stehen im eigens errichteten Küchenzelt und bewegen mit ganzer Kraft den wohlriechenden Inhalt riesiger Töpfe. Brunetto, Giovanni, Carlo und der Rest der männlichen Bevölkerung schleppen Tische und Bänke durch die Straße, bauen Verkaufsbuden, die Kasse und eine Bühne auf. Sie, die mutigen Jäger von Palazzuolo, bitten zur »Sagra del Cacciatore«, und alle, alle die sie kennen, kommen. Das werden heute abend wieder so an die 500 Menschen sein, viele, verglichen mit den gerade noch 78 Palazzuolanern.

Jedes Dorf der Toskana hatte seinen eigenen Festkalender. Die alten Patronatsfeste am Tag, der dem Titelheiligen der Dorfkirche geweiht ist, sind in größeren Orten leider allzuoft von politischen Parteien beispielsweise zur Festa dell' Unità oder Festa della Libertà umfunktioniert worden oder einfach nur aus mangelndem Interesse eingeschlafen. In den kleinen und kleinsten Dörfern dagegen wird der Tag der *consacrazione*, der Kirchweih also, nach wie vor mit der *sagra* begangen, einem Fest, das meist der Ernte, insbesondere einem charakteristischen Nahrungsmittel der Gegend geweiht ist.

In Palazzuolo ist die wichtigste Ernte die Jagd. Denn hier oben in den luftigen Höhen der Chiantiberge, genau an der Grenze zwischen Aretiner und Seneser Gebiet, hat das Klima ein ertragreiches bäuerliches Leben schon lange unmöglich gemacht. Der Wein ist sauer, die Oliven mickrig, und so bleibt neben den Pilzen und Beeren, die unter Kastanien, Stein- und Krüppeleichen prächtig gedeihen, nur noch der Schwarzkittel. Der vermehrt sich in den dichten Unterhölzern und tiefen Schluchten, die außer den Jägern kein Mensch das ganze Jahr hindurch betritt, bestens bis überreichlich.

Brunetto ist für den Erhalt der Straßen hier oben verantwortlich, und wenn man sich auf der einzigen schlaglochfreien Asphaltbahn ganz Italiens in die einsamen Höhen

Cinghiale alla cacciatora

Wildschwein nach Jägerart

Für 4 Personen

1 kg Wildschweinragout
1 Glas Essig
6 EL Olivenöl extra vergine
Salz und Pfeffer
1 große Zwiebel
1 Stange Staudensellerie
1 Karotte
3 Knoblauchzehen
4 Rosmarinzweige
1/2 l Chianti
500 g geschälte Tomaten

Das Wildschweinragout in Wasser und Essig über Nacht beizen. Gut waschen. Das Fleisch in einem großen Topf aufs Feuer stellen und unter Umrühren erhitzen. So verliert es das Fett und Flüssigkeit, beides wird nach 20 Minuten weggegossen. Jetzt erst das Öl hinzufügen und anbraten, dann salzen und pfeffern. Zwiebel, Sellerie, Karotte, Knoblauch und Rosmarin fein hacken, zum Fleisch geben und anbräunen. Wein angießen und verdunsten lassen. Tomaten dazugeben und auf kleinster Flamme ganz langsam weichkochen. Das kann bis zu 4 Stunden dauern. Dazwischen immer wieder umrühren und eventuell etwas Wein angießen.

von Palazzuolo hinaufschlängelt, wünscht man sich viele Brunettos für dieses Land. Carlo ist der Schreiner, dessen kreischende Bandsäge keinen stört, da seine Werkstatt unterhalb des Dorfes an der Straße liegt und im gegenüberliegenden Palazzo heute keiner mehr wohnt. Giovanni kümmert sich im Auftrag der Muttergemeinde Monte San Savino um die Wasserleitungen, und alle drei verbringen ihre freie Zeit in der Scuderia, dem alten Pferdestall des Palazzos, heute in charakteristischer Mischung Bar, Lebensmittelgeschäft und Lokal in einem.

Mit Piero, dem Wirt, diskutiert man über die Jagd, das Wetter und den Giro d'Italia, der auch schon mal den Weg über Palazzuolo und Brunettos Straße genommen hat, und Elvira verkauft den Dorffrauen die wenigen notwendigen Lebensmittel und steht ab Mittag in der Küche, um für die Gäste ihrer Trattoria zu kochen.

Diese kommen von weit her, vor allem an unerträglich heißen Sommertagen fahren sie gerne aus Arezzo oder aus Siena hinauf in die kühlen Berge. Einen besseren Platz als Elviras Garten kann man an solchen Abenden nicht finden. Immer weht ein Lüftchen, der Sonnenuntergang wird als kostenloses Spektakel mitgeliefert, und das Essen ist genau so, wie es jeder Toskaner erwartet – wie zu Hause bei Mamma. Die Nudeln macht Piero, der *sugo di cinghiale* hat die ewig lange Kochzeit hinter sich, die er braucht, um so weich und schmelzig zu werden, und die *ribollita* steht auch schon den ganzen Tag auf dem Herd und schmeckt deshalb noch heute so wie damals in den großen Bauernfamilien.

Toskanische Brotsuppen sind in Italien sprichwörtlich. »Se non è zuppa, è pan bagnato«, »Wenn es keine Suppe ist, ist es angefeuchtetes Brot«, was soviel besagt, als daß eine Sache, so oder so betrachtet, doch einerlei bleibt, genau wie

Ribollita
Wiederaufgekochte toskanische Bauernsuppe

Für 4 Personen

150 g getrocknete weiße Bohnen
250 g Kartoffeln
1 große Gemüsezwiebel
2 Stangen Staudensellerie
200 g Karotten
1 Bund Petersilie
8 EL Olivenöl extra vergine
250 g Mangoldblätter
250 g Blattspinat
100 g Zucchini
300 g Kohlblätter (cavolo nero und/oder Wirsing)
250 g geschälte Tomaten
Salz und Pfeffer
altbackenes Brot
3 Knoblauchzehen

Die Bohnen über Nacht in Wasser einweichen, am nächsten Tag in Salzwasser kochen. Kartoffeln schälen und kleinschneiden. Zwiebel, Sellerie, Karotten und Petersilie hacken und in der Hälfte des Öls in einem großen Suppentopf anbräunen. Mangold, Spinat, Zucchini, Kohl und Tomaten grob zerkleinern und dazugeben. Wenn das Gemüsewasser auszutreten beginnt, 1 Liter warmes Wasser und die Kartoffelstücke dazugeben und 10 Minuten kochen.

Die Hälfte der gekochten Bohnen pürieren und zusammen mit den ganzen Bohnen zur Suppe geben. Alles für 2 1/2 Stunden köcheln. Mit Salz und Pfeffer abschmecken und abwechselnd mit Lagen aus dünnen altbackenen Brotscheiben in eine große Tonschüssel schichten, alles 1 Stunde durchziehen lassen. Danach in einem Suppentopf die andere Hälfte des Öls erhitzen, die Knoblauchzehen flachdrücken und dazugeben, die Suppe hineinfüllen und unter Rühren wieder aufkochen.

Mit Olivenöl beträufeln und mit grob gehackten weißen Zwiebeln bestreut servieren.

Crostini di milza
Brotscheiben mit Milzcreme

200 g Kalbsmilz
1 Zwiebel
1 Stange Staudensellerie
1 Karotte
Petersilie
1 Rosmarinzweig
3 Salbeiblätter
2 Knoblauchzehen
6 EL Olivenöl extra vergine
1 EL Butter
Salz und Pfeffer
1 Glas Weißwein
50 g Kapern
6 Sardellenfilets
1 Tasse Fleischbrühe

Die Milz feinhacken. Zwiebel, Sellerie, Karotte, Petersilie, Rosmarin, Salbei und Knoblauch fein zerkleinern und in 3 Eßlöffel Öl und der Butter anbräunen. Die Milz dazugeben, salzen und pfeffern und auf kleiner Flamme unter ständigem Rühren 15 Minuten köcheln lassen. Wein angießen und wieder 20 Minuten kochen. In einer Pfanne die kleingehackten Kapern im restlichen Öl 5 Minuten dünsten, Sardellen dazugeben, unter Rühren auflösen und alles zur Milzpaste geben, gut verrühren und auf die gerösteten, mit wenig warmer Fleischbrühe angefeuchteten Brotscheiben streichen.

es in den armen Familien der Halbpächter keine Rolle spielte, wann man sich an den Tisch setzte – es waren immer nur Brotsuppen in der Schüssel zu finden. Diese waren an schillernden Namen wie *panzanella, pappa al pomodoro, zuppa di pane, zuppa di fagioli, zuppa lombarda, cavolo con le fette* oder eben *ribollita* wesentlich besser zu unterscheiden als an den allzu gleichen ärmlichen Zutaten.

Heute besteht eine *ribollita* hauptsächlich aus Gemüse, das Brot ist nur ein kleiner Anteil. Damals war es der Hauptbestandteil und die Suppe diente dazu, das, was an altbackenem Brot und Gemüse übrig war, zu verwenden. Die dicke Brotsuppe wurde höchstens unterschieden in *di magro* und *di grasso*, wobei zweiteres nichts weiter bedeutete, als daß noch einige Knochen mitgekocht waren, an ganz besonderen Festtagen sogar der Knochen eines Schinkens. Eine ganz echte toskanische *ribollita* ist die Suppe aber erst dann, wenn sie mit *cavolo nero* gekocht ist, einer Kohlsorte, die nur hier, hier aber hinter jedem Haus wächst. Ganz zum Schluß muß noch ein Schuß bestes Olivenöl hinzukommen und grob gehackte, rohe Gemüsezwiebel, die leider allzuoft vergessen wird.

Zu einem toskanischen Essen wird eine Speisefolge aber nur dann, wenn auch die Vorspeise schon das Thema Brot

zu variieren beginnt und die typischen *crostini* serviert werden. Diese gibt es in unzähligen Varianten; jede Hausfrau und jede Trattoria schwört auf ihr eigenes Rezept. Abgesehen von der Zusammenstellung der fundamentalen Zutaten, zu denen unverzichtbar Knoblauch, Kapern, am besten die im Salz konservierten, und Sardellenfilets gehören, gibt es einen uralten Streit, ob Milz vom Kalb oder Hühnerleber oder beides zusammen für den Aufstrich der kleinen Brotscheiben besser seien. Auch das Brot ist umstritten. Am leichtesten einigt man sich noch darauf, daß es sich um ungesalzenes toskanisches Bauernbrot handeln sollte, das altbacken und über dem Feuer geröstet ist. Aber ob man es auch in Olivenöl in der Pfanne anbraten darf oder, bevor man es bestreicht, ganz kurz in heiße Brühe tunkt oder als *crostini ubriachi* zuerst mit *vin santo* anfeuchtet, darüber gehen die Meinungen weit auseinander.

INGRESSO
Tribuna B

Locanda del Molino

Regelmäßig an jedem ersten Wochenende eines Monats wird es eng in der Gegend um Arezzo. Publikum und Händler aus allen Teilen Italiens strömen zum großen Antiquitätenmarkt. Es lohnt sich, an diesem Spektakel teilzunehmen, auch wenn man keine marmorne Kamineinfassung und keinen riesigen alten Ölkrug wegschleppen möchte. In den Straßen der Altstadt, auf der schönen Piazza Grande und unter der Loggia di Vasari oder oben in den Gärten der Fortezza hat ein buntes Händlervolk eine unübersehbare Fülle an alten, schönen oder kuriosen Dingen aufgebaut. Für Freunde der Augenlust ist das ein üppiger Festtag, sublimere Genüsse, wie etwa der Besuch der Fresken von Piero della Francesca, werden besser auf einen anderen Tag verschoben. Wem der Rummel aber zu viel sein sollte, dem sei ein Ausflug in Richtung Süden bis nach Cortona empfohlen.

Um in die Stadt zu kommen, muß man durch Olivenhaine und Gärten bis auf 650 Meter Meereshöhe hinauffahren, wird aber unmittelbar mit einem prächtigen Panoramablick belohnt, der über die Val di Chiana bis hinüber nach Umbrien, zum Lago Trasimeno und dem Monte Amiata reicht. Die beeindruckenden Stadtmauern von etwa 3 Kilometer Länge zeugen von einer bewegten Vergangenheit, die bis in etruskische Zeit zurückreicht, und machen neugierig auf das Etruskermuseum der Stadt. Dort befindet sich auch der weltberühmte bronzene Hängeleuchter aus dem fünften vorchristlichen Jahrhundert, den man unweit der Stadt gefunden hat. Diese Öllampe ist das einzige Exemplar seiner Art und beweist, daß die Etrusker das Prinzip der kommunizierenden Röhren schon kannten und angewendet haben – ausreichend Öl in einer mittleren Schale sorgte dafür, daß 16 Flammen am Rand des Leuchters ununterbrochen brennen konnten.

Die Etrusker sind nicht der einzige Anziehungspunkt der Stadt, in der 1441 Luca Signorelli geboren wurde. Schon einige Jahre zuvor verbrachte Fra Angelico längere Zeit im Dominikanerkloster Cortonas, nachdem er mit einigen

Acquacotta
»Gekochtes Wasser«

Für 4 Personen

4 EL Olivenöl extra vergine
2 Knoblauchzehen
1 Zwiebel
500 g frische Steinpilze
50 g getrocknete Pilze, in Wasser eingeweicht
1 l Fleisch- oder Gemüsebrühe
Salz und Pfeffer
4 Scheiben toskanisches Bauernbrot
2 Eidotter
2 EL geriebener Parmesan

Das Öl in einer Pfanne erhitzen, eine Knoblauchzehe und die Zwiebel feinhacken und anbräunen, Pilze kleinschneiden, dazugeben und für 5 Minuten mitdünsten. 1 Liter warme Brühe angießen. Salzen, pfeffern und 2 Stunden köcheln. Brot rösten und mit der zweiten Knoblauchzehe einreiben. In einem Teller zwei Eidotter mit dem geriebenen Parmesan verrühren, Suppe vom Feuer nehmen und Ei hineinrühren. Brotscheiben in die Teller legen, Suppe darüberschöpfen und servieren.

anderen Brüdern aus Fiesole vertrieben worden war. Werke dieser beiden und weiterer bedeutender toskanischer Maler wie Sassetta oder Piero Lorenzetti werden im Museo Diocesiano gezeigt.

Wie man sieht, können Kunstliebhaber in Cortona leicht ihren Appetit stillen. Schwieriger wird das schon für die Liebhaber der lokalen Küche. Ihnen empfiehlt sich eine kurze Autofahrt von etwa 10 Kilometern in Richtung Città di Castello bis zum kleinen Örtchen Montanare. Aus den charakteristischen Räumen einer restaurierten Mühle ist die Locanda del Molino entstanden. Die Wasser des Flüßchens Esse drehten einst die Mahlwerke für Getreide und Oliven. Die alten Werkzeuge und Ölfässer finden sich noch überall in der Trattoria, und im Sommer erfrischt der Fluß heute die Gäste auf der Terrasse hinter dem Haus.

Auch die Küche belebt die Erinnerung an die bäuerliche Kultur der Gegend. Es beginnt mit einprägsamen Vorspeisen wie den *crostoni di cipolla*, Zwiebelbroten, die mit Wein getränkt werden, oder einer *torta al testo*, einem Fladenbrot, das auf einem in der Glut erhitzten Stein gebacken und, noch warm, mit Schinken und Schafskäse gefüllt wird. Die immer frische *pasta* macht die Signora

TIMO
CICORIA
TAMARINDO

Crostoni di cipolla
Zwiebelbrote

Für 4 Personen

2 große Zwiebeln
4 EL Olivenöl extra vergine
Salz und Pfeffer
8 Scheiben toskanisches Bauernbrot
1 Glas Chianti

Die Zwiebeln in Scheiben schneiden und in der Pfanne mit Öl und ein wenig Wasser dünsten. Salzen und pfeffern. Brotscheiben rösten und in Rotwein kurz eintunken, warme Zwiebeln darauf verteilen und servieren.

Livia, der auch Großmutter Gina mit ihren weit über achtzig Jahren noch hilfreich zur Hand geht.

Ausgezeichnet schmecken die Klassiker *tagliolini con i ceci* und die *pappardelle alla lepre*, die dünnen Nudeln mit den Kichererbsen und die breiten mit Hasenragout, nicht weniger gut das alte Nudelgericht *la pasta vedova con sugo finto*, das seinen eigenartigen Namen »Witwennudeln« der Tatsache verdankt, daß die frischen Nudeln nicht wie gewohnt mit Ei gemacht werden, sondern wie die zum Trocknen bestimmte *pasta asciutta* nur mit Mehl und Wasser. Dann werden sie ohne Fleisch angemacht, deshalb *sugo finto*, »falsche Sauce«. Die Hausspezialität ist aber die fast unauffindbar gewordene Suppe *acquacotta*, ein ärmliches Gericht, mit dem sich die Köhler im Winter wärmten. In ihren Schutzhütten aus zusammengestellten Zweigen brannte immer ein Feuer, über dem ein Kessel mit kochendem Wasser hing. Da hinein wurde alles Eßbare geworfen, was sich finden ließ: trockenes Brot, Zwiebel und Knoblauch und, wenn es mal etwas besser ging, auch Tomaten, Sellerie und Ei. In der Locanda del Molino finden noch Pilze und Käse den Weg in den Topf.

Wer gut gegessen und getrunken hat, der wird vielleicht dankbar das Angebot der sympathischen Signora Graziella

Pasta vedova con sugo finto
»Witwennudeln mit falscher Sauce«

Für 4–6 Personen

600 g Mehl
Salz
4 EL Olivenöl extra vergine
1 Zwiebel
1 Karotte
1 Stange Staudensellerie
1 Knoblauchzehe
1/2 Bund Petersilie
1 Thymianzweig
1 Rosmarinzweig
1/2 Glas Chianti
500 g geschälte Tomaten
1 Peperoncino

Aus dem Mehl mit kaltem Wasser und einer Prise Salz einen Teig kneten und etwa 3 Millimeter dünn ausrollen. In sehr feine Streifen schneiden, einmehlen und zur Seite legen. Öl in einer Pfanne erhitzen, Zwiebel, Karotte, Sellerie, Knoblauch, Petersilie, Thymian und Rosmarin fein hacken und darin anbräunen. Wein angießen und verdunsten lassen. Tomaten und Peperoncino dazugeben, salzen und ungefähr 30 Minuten auf kleiner Flamme kochen. Die frischen Nudeln nur ganz kurz in reichlich Salzwasser kochen, in der Sauce wenden und servieren.

annehmen und sich eines der Gästezimmer ansehen, die immer zu einer Locanda gehören. In diesem Falle sind es acht besonders schön mit alten Holzmöbeln und den typischen schmiedeeisernen Betten eingerichtete toskanische Verstecke, fast zu schade, um nur eine Nacht im Vorbeifahren zu bleiben.

Taverna di Moranda

Wenn man von der Stadtmauer der nahen Stadt Pienza hinüber schaut, scheint Monticchiello weiter nichts zu sein als ein trutziger Wehrturm auf einem Hügel. Ringsherum breitet sich die faszinierend herbe Landschaft des Orcia-Tales aus bis hinüber zu den Hügeln, die sanft zum Monte Amiata hin ansteigen. Die Ursprünge des Weilers verlieren sich im Dunkel vergangener Zeiten. Wir wissen nur, daß nach der ursprünglichen etruskischen Besiedelung das römische Geschlecht der Clelia dem Ort seinen Namen gab. Lebhafter wird die Geschichte mit der Entstehung der Republik von Siena zu Beginn des 13. Jahrhunderts, zu deren Gebiet dieser Landstrich über drei Jahrhunderte lang zählte. Davon zeugen bis heute die typische Architektur des *borgo*, die Reste der Wehrmauer und das schöne Tor mit den Wappen Sienas.

In der Mitte des 16. Jahrhunderts geht der Staat Siena im Großherzogtum Toskana auf. Das lebhafte Treiben in der kleinen Kommune erlahmt immer mehr, Handel und Handwerk liegen danieder. Einst freier bäuerlicher Besitz wird den großen Latifundien eingegliedert. Für Jahrhunderte vernimmt man kaum mehr etwas vom Gang der Geschichte Italiens in dieser einsamen Gegend. Erst 1970 wird Monticchiello mit einer Asphaltstraße mit dem Rest der Welt verbunden.

Umso mehr freut den Besucher heute die liebevolle Sorgfalt, mit der die Bewohner ihr Dorf pflegen, und auch das umliegende Land liegt nicht mehr brach wie noch vor wenigen Jahren. Aber der schönste Ausdruck der wiedergefundenen Vitalität dieser dörflichen Gemeinschaft ist sein »teatro popolare«, was mit Volkstheater nur sehr unzulänglich übersetzt wäre. Das *Teatro Povero di Monticchiello* ist einzigartig in seiner Art. Seit 28 Jahren verwandelt sich das Dorf im Juli und August in eine faszinierende Bühne, auf der die Bewohner des Ortes sich selbst spielen, ihre Erfahrungen, Ängste und Gefühle in die Sprache des Theaters übersetzen. *Autodramma* nennen sie diese Stücke, die sie im Verlauf des Jahres selbst geschrieben haben und die sie

selbst aufführen werden. Die Grundformel ist immer die der prekären Verbindung zwischen gestern und heute, zwischen der Besinnung auf die Wurzeln und dem notwendigen Schritt in die Zukunft.

Dieses Theater erschöpft sich nicht im Inhalt der Stücke und ebensowenig in der außerordentlichen, unerwarteten Qualität seiner Aufführungen. Es ist vor allem auch ein Zeichen der Zusammengehörigkeit und des Willens, die Herkunft nicht zu vergessen und gemeinsam kritisch die Gegenwart zu leben. Der Schriftsteller Alberto Asor Rosa formuliert es so: »Diese Leute haben eine intellektuelle Kultur und eine Fähigkeit kultureller Selbstbestimmung

entwickelt, die alle traditionellen sozialen Barrieren durchbricht.«

Natürlich lockt ein solches Theater Besucher nicht nur aus der Umgebung, aus Pienza oder Montepulciano an, viele kommen eigens aus dem 150 Kilometer entfernten Rom und aus allen übrigen Winkeln Italiens. Ein übriges tun die Kritiker und Theaterfachleute aus der ganzen Welt, die das Teatro Povero seit Jahren als Avantgarde feiern, meilenweit entfernt von jeglicher Form von Traditionsgetue und Folkloristik. Ein alljährlicher Bericht in der New York Times wäre anders auch kaum vorstellbar.

Fast unmöglich, vom besonderen Geist Monticchiellos nicht angesteckt zu werden, der sich erstaunlicherweise nicht nur in den Sommermonaten und nicht nur durch das Theater überträgt. Auch kulinarisch kommt die Toskana hier etwas ungewöhnlich daher. In der kleinen Taverna di Moranda hat sich Massimo Giani niedergelassen, der, sozusagen nach einer Welttournee, wieder heimische Gerichte kochen wollte, ohne zu vergessen, was er in seinen Lehr- und Wanderjahren, die ihn bis nach Amerika führten, gelernt hatte. Unterwegs, genauer in Blankenese, war ihm auch seine Ehefrau, die Französin Françoise begegnet, die ihn heute tatkräftig und kenntnisreich in der Küche unterstützt. Wichtig in diesem täglichen Stück ist aber auch die Rolle des

Petto d'anatra all'aceto di lampone

Entenbrust mit Himbeeressig

Für 4 Personen

2 Entenbrüste
4 EL Olivenöl extra vergine
Salz und Pfeffer
2 cl Himbeeressig
1 Thymianzweig
1 Rosmarinzweig
4 EL Fleischfond

Die Entenbrüste waschen, trocknen und mit dem Messer die Haut einritzen. In der Pfanne das Öl stark erhitzen, die Entenbrüste salzen, pfeffern und beidseitig anbraten, bis die Haut gut gebräunt ist. Das Fett abgießen. Den Essig angießen. Thymianblättchen und die abgestreiften Rosmarinnadeln feinhacken und dazufügen. Fleischfond angießen und um die Hälfte reduzieren. Entenbrust in Scheiben schneiden und mit der Sauce übergossen heiß servieren.

Vaters Provvidenzo, dessen Namen übersetzt »der Fürsorgliche« bedeutet. Er hat einen kleinen Bauernhof in der Nähe und liefert täglich frische Eier, Gemüse und die Aromen wie Thymian, Majoran, Salbei, Rosmarin, Basilikum und Estragon. Mit letzterem würzt Massimo unter anderem seine frischen *tagliatelle*, die selbstredend, wie alle anderen Teigwaren auch, hausgemacht sind. Dieses ist der Part von Signora Franca, die jeden Vormittag für einige Stunden die kleine Küche für sich und ihr Nudelbrett beansprucht, auf dem sie mit unbegreiflicher Virtuosität meterlange *pici* von Hand ausrollt. Zum Abschluß ihres Auftritts formt sie aus den Teigresten noch ein paar *maltagliati*, Schlechtgeschnittene also, die in einer Kichererbsensuppe gekocht eine weitere Spezialität des Val d'Orcia ergeben.

Françoise beherrscht ein anderes Repertoire. Sie verleiht den Vorspeisen eine raffinierte Note, serviert schon mal köstlich frischen Ziegenkäse, den man in den Crete zwar produziert, aber leider so selten auf einer Speisekarte findet, und der so wunderbar zu Papa Provvidenzos bitterer *rughetta*, dem wilden Raukensalat, paßt. Auch ihre *sfogliatine*, die Teigpasteten mit Schafskäse und Schinken, sind ein willkommener Prolog zu jedem Essen, genauso ihre *crostate di funghi porcini*, die Steinpilzkuchen. Doch den Höhepunkt behält sie sich bis zum Schluß der Vorstellung

Tagliatelle alle erbette fresche
Bandnudeln mit frischen Kräutern

Für 4 Personen

Schnittlauch
Estragon
Thymian
Majoran
Rosmarin
Salbei
Basilikum
Petersilie (alles frisch aus dem Garten)
8 EL Olivenöl extra vergine
Salz und Pfeffer
50 g geriebener Parmesan

Alle Gewürze fein hacken und mit dem Öl gut vermischen. Salzen und pfeffern und leicht anwärmen. Mit den *al dente* gekochten Nudeln sehr gut mischen und mit Parmesan überstreut servieren.

vor: die Süßspeisen. Neben ihrer heimatlich inspirierten Pfirsichtorte verblassen die üblichen toskanischen Nachtische.

Im Hauptteil erlaubt Massimo allerdings kaum Ausflüge in fremde Territorien. Gerichte wie *coniglio alla cacciatora* oder *filetto con le spugnole*, einem Pilz, sind urtoskanisch, andere wie die traditionellen *tortelloni di ricotta*, die mit Pinienkernen und Rosinen serviert werden, oder wie die Entenbrust, zu der sich der Himbeeressig so delikat fügt, werden kreativ, aber ausschließlich mit lokalen Produkten weiterentwickelt.

Tortelloni di ricotta con pinoli e uvetta

Teigtaschen mit Ricotta, Pinienkernen und Rosinen

Für 4 Personen

Für den Teig:

500 g Mehl
2 Eier
Salz

Für Füllung und Sauce:

30 g Pinienkerne
20 g Rosinen
1 Majoranzweig
100 g geriebener Parmesan
Muskatnuß
Salz und Pfeffer
200 g Ricotta
1 Eigelb
70 g Butter

Aus Mehl, Eiern, etwas Wasser und einer Prise Salz einen festen Teig kneten und beiseite stellen.

Pinienkerne, Rosinen und Majoran kleinhacken und mit der Hälfte des geriebenen Parmesan, Muskat, Salz und Pfeffer mischen.

Die Ricotta mit dem Eigelb und der Hälfte der obigen Mischung gut durchmischen.

Teig dünn ausrollen und in der Mitte teilen. Mit einem Teelöffel kleine Häufchen aus der Ricotta ausstechen und gleichmäßig auf einen der Teiglappen verteilen. Das andere Stück Teig darüberlegen und um die Füllung herum sehr gut auf der unteren Lage festdrücken. Mit dem Messer oder Teigrädchen einzelne Teigtaschen ausschneiden, in reichlich Salzwasser 5–7 Minuten garkochen.

Die andere Hälfte der Gewürzmischung in Butter rösten, bis die Pinienkerne leicht braun sind. Die *tortelloni* darin wenden und heiß servieren. Mit Parmesan überstreuen.

Trattoria dell'Arco

Die wenigen Besucher, die ihren Weg nach Murlo finden, kommen hauptsächlich, um das etruskische Museum des hübschen kleinen Weilers zu sehen. Borgo nennt man in der Toskana solche Ansammlungen von Spontanarchitektur, auch wenn sie, wie in diesem Falle, auf den uralten Mauern eines etruskischen Wehrgebäudes errichtet wurde. In der Mitte des Örtchens erhebt sich der imposante »Palazzone«, der alte Bischofssitz. In seinen Mauern ist eine der am schönsten aufbereiteten, aber auch am wenigsten frequentierten etruskischen Sammlungen Italiens zu besichtigen. Daran wird wohl auch die für den Besucher sehr angenehme Abendöffnung während der Sommermonate nichts ändern, zu weit liegt Murlo abseits der großen Touristenströme.

Dabei war der kleine Ort erst kürzlich Mittelpunkt landesweiter, ja sogar weltweiter Aufmerksamkeit, als eine genetische Studie die Bewohner Murlos als die wahren Nachkommen der Etrusker auswies. Ihr Erbgut ist praktisch über 150 Generationen unverändert erhalten geblieben, und das Blut in ihren Adern hätte ein D.O.C. verdient, wie

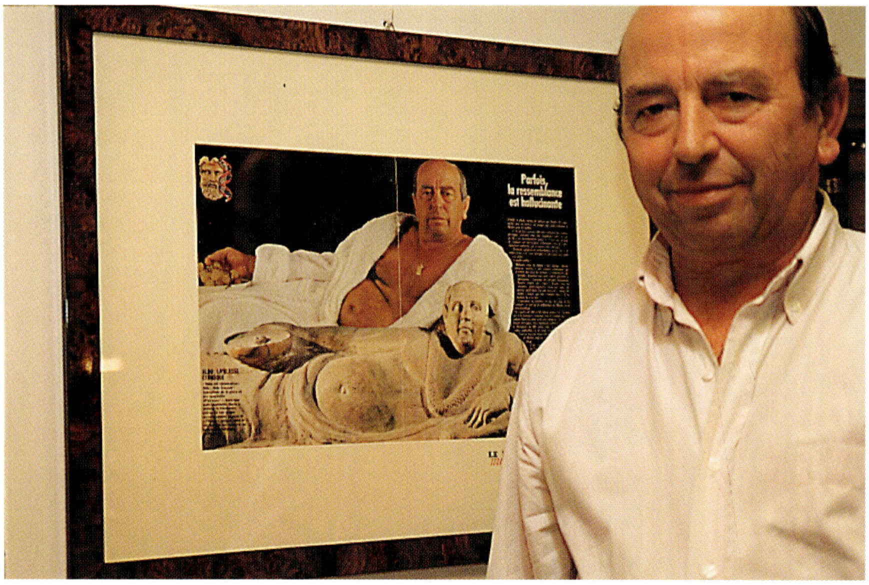
Parfois, la ressemblance est hallucinante

der Wein in diesem südlichsten Zipfel des Chianti Colli Senesi. Verständlich, daß die noch 30 ständige Einwohner zählende Gemeinde stolz ist auf diese Herkunft und daß man die wenigen Römer, Livornesen oder Florentiner, die ein Wochenendhaus in Murlo besitzen, herablassend als Ausländer bezeichnet.

Aber die Ruhe und Abgeschiedenheit steht dem Herren mit dem großen Sombrero gut, der einzig- und eigenartigen Dachreiterfigur aus Terracotta, die kühn auf dem rekonstruierten Dach eines etruskischen Wohngebäudes aus dem 6. Jahrhundert v. Chr. hockt, das einem heutigen toskanischen Dach bis in Einzelheiten gleicht. Denn nur in diesem Landstrich findet man nach wie vor die großen flachen Ziegel auf den traditionell gedeckten Häusern, dort wo in ganz Restitalien »Mönch« und »Nonne« verwendet werden. Thaca nannten die Urtoskaner diesen Ziegel und haben damit auch unserem deutschen »Dach« den Namen gegeben. Auch die für Toskaner so typische Aussprache ist so alt, schon damals sprach man den Buchstaben »c« wie unser deutsches »ch« aus. Die großen Erfindungen bezüglich Küchengerät und -geschirr wurden ebenso schon vor über 2500 Jahren gemacht, wie uns beim Anblick des Inhaltes vieler Vitrinen des Museums bald klar wird.

Verständlich deshalb, wenn auch Aldo und Graziella Taccioli wenig Grund sehen, kulinarische Traditionen zu verändern, und in ihrer kleinen Trattoria, der einzigen im Ort, »etruskisch« kochen. Aldo wurde in den Räumen direkt über seinem Lokal geboren, und natürlich hat sich auch er an dem DNA-Test beteiligt. Mit großem Vergnügen hat er für das Magazin des berühmten »Le Figaro« aus Paris als Reinkarnation eines Etruskers auf einem alten Sarkophag

Zuppa di funghi
Pilzsuppe

300 g gemischte Pilze nach Marktangebot
8 EL Olivenöl extra vergine
3 Knoblauchzehen
1 EL Mehl
3/4 l Fleisch- oder Gemüsebrühe
1 Bund Petersilie
4 altbackene Brotscheiben

Die Pilze in Stücke schneiden und mit der Hälfte des Öls und den feingehackten Knoblauchzehen andünsten. Mehl darüberstäuben und gut verrühren. Langsam die Brühe angießen, feingehackte Petersilie dazugeben und 10 Minuten bei großer Hitze unter ständigem Rühren kochen. In der Zwischenzeit in der anderen Hälfte des Öls die in Würfel geschnittenen Brotscheiben rösten, die fertige Suppe in die Teller geben und mit den Brotwürfeln bestreuen.

Coniglio all'etrusca
Kaninchen auf etruskische Art

1 Kaninchen, ca.1 kg
3 Knoblauchzehen
6 EL Olivenöl extra vergine
6 Salbeiblätter
1 Glas Weißwein
200 g Pilze
200 g schwarze Oliven
1 TL Trüffelpaste

Das Kaninchen in 12 Stücke zerteilen. Knoblauchzehen mit dem Handballen zerdrücken und zusammen mit Öl und den Salbeiblättern in einer Pfanne erhitzen. Die Kaninchenteile darin gut anbraten. Wein angießen und verdunsten lassen. Pilze in Stücken, Oliven und Trüffelpaste dazugeben und in etwa 30 Minuten gar köcheln, gegebenfalls mit etwas Brühe oder Wasser anfeuchten.

posiert und alle Welt durch den Bildvergleich mit einer etruskischen Porträtfigur davon überzeugt, daß die Etrusker keineswegs das »versunkene Volk« sind, von dem selbst Buchtitel sprechen, sondern höchst lebendig und nach wie vor voller antiker Lebensfreude.

Graziellas Küche ist somit auch kein kulinar-archäologisches Laboratorium, sie kocht ganz simpel dieselben Dinge, die laut Aldos plausiblen Erklärungen schon immer in diesem Landstrich gewachsen sind, die Pilze aus den dichten Wäldern um das Dorf, die Feldkaninchen und Wildhasen, die Wildschweine und das Flugwild. Natürlich bezeugen auch die heiteren etruskischen Grabmalereien und -beigaben oder die Terracottareliefs aus dem Museum mit der Darstellung eines Banketts den Verzehr dieser Naturgaben, und auch von der Verwendung der Trüffel, zahlreicher frischer Kräuter und frischen Olivenöls sowie der Vorliebe für damit beträufeltes gekochtes Gemüse haben wir Kunde. Ebenso wissen wir von römischen Zeitgenossen, die sich leicht indigniert über die ungewöhnliche Tatsache äußern, daß sich die Rasenna, wie sich die Etrusker selbst nannten, zwei ausführliche Mahlzeiten pro Tag leisteten, und es nimmt nicht wunder, wenn wir antike Autoren über ihre Leibesfülle spötteln hören.

Selbst Tochter Monica steht in einer ungebrochenen Tradition, was ihr selbst gar nicht bewußt ist. Sie hat sich vor Jahren entschlossen, in dem alten Steinofen des Hauses Pizza in unzähligen Variationen zu backen, zur Freude ihrer jungen Freunde aus der Umgebung. Heute backt sie allabendlich die Fladen mit über 90 verschiedenen Beilagenvarianten, ganz wie es schon ihre Vorfahren taten, die Brotfladen *piza* nannten, arabisch *pita*, und als Teller benutzten. Ihnen zu Ehren hat sie ihre Lieblingsscheibe, mit *salsicce* und schwarzen Oliven belegt, *pizza etrusca* getauft.

Taverna dei Barbi

Montalcino trug zu römischer Zeit den Namen Mons Ilcius, was ins Italienische mit *monte dei lecci* und ins Deutsche mit Steineichenberg zu übersetzen wäre. Noch heute ist das Gebiet reich an dichten Wäldern, aber auch an Olivenhainen, mittelalterlichen Kastellen und Abteien. Seit alters ist es aber vor allem als außerordentliche Weinbauregion bekannt.

Die Literatur ist voller Zitate, die an »die guten Weine, die in diesen lieblichen Hügeln wachsen« erinnern, Wein, der »wie sanfte Küsse schmeckt, wenn du ihn trinkst«, und den wir heute Brunello nennen. Der Ursprung dieses Namens ist etwas »verwässert«. Im Jahre 1320 wurde ein Bach so bezeichnet, der hinunter zur Abbazia di Sant'Antimo verlief, von dem es aber heute keine Spur mehr gibt. Die Geschichte vom Wasserlauf, der zum Wein wurde, löst immer wieder hübsche Vergleiche mit der Hochzeit zu Kana aus. Es war dann ein Apotheker mit Namen Clemente Santi, dem die Transformation von Wasser in Wein gelang, als er erstmals im Jahre 1842 einen Wein als Brunello bezeichnete. Im Besitz seiner Nachfahren, den Biondi-Santi, befinden sich noch die ältesten Brunelloflaschen, Jahrgang 1888.

Heute versetzt die Brunelloernte zwischen Ende September und Mitte Oktober den ganzen Ort in einen fiebrig-nervösen Zustand. In früheren Zeiten verbrannten die Köchinnen geweihtes Öl vor den Toren der Weingüter, um die größte Gefahr, den Hagel, zu bannen. Heute setzt man dagegen Hagelraketen ein, aber die Angst ist geblieben. Dabei ist die Ernte, die ausschließlich von Hand erfolgt, nur ein kleiner Schritt auf dem langen Weg zu einem Brunello. Erst am Neujahrstag des fünften Jahres nach der Ernte können die Winzer mit ihrem neuen Brunello anstoßen. Drei Jahre hat er davor in den Holzfässern geschlafen und dann die Feuerprobe bestanden, die strenge chemische Analyse durch die Labors der Handelskammer von Siena. Hat er bestanden, darf er den Rest der Zeit seinen Geruch und Geschmack in der Flasche verfeinern. Ein

Wein für geduldige Leute somit, und einer der wenigen aus der Toskana, die sich zu langer Lagerung eignen. Wer der Versuchung widerstehen kann, seinen Brunello sofort zu entkorken, der kann eine *riserva*, eine Auslese also, getrost 20 bis 30 Jahre in seinem Keller liegen lassen.

Der Brunello hat sein ideales Gegenüber in einem großen Fleischgericht, reich an Geschmack und arm an Fett. Wild gehört dabei zu den Klassikern, ebenso Braten und Steaks vom Rind, aber auch ein reifer trockener Käse verträgt sich mit dem samtigen Tropfen bestens. Einige Gerichte werden gleich in ihm gekocht, so der *brasato al Brunello*, ein Schmorbratenrezept aus der Zeit der Renaissance, oder auch der *galletto di Brunello*, der *coq au vin* dieses Landstriches.

Um sich diese Gerichte an Ort und Stelle auf der Zunge zergehen zu lassen, lohnt sich der Weg hinaus zu der Taverna dei Barbi, auf halbem Weg zwischen Montalcino und der Abtei Sant'Antimo. Der schöne Platz, ein Teil der Fattoria dei Barbi, dem zweitältesten Brunello-Erzeuger, wurde in den siebziger Jahren von Giovanni Colombini restrukturiert, dem Vater der heutigen Besitzerin Francesca. Man sitzt unter schattenspendenden Bäumen an einfachen Tischen und genießt die Ruhe, die nur durch das Gurren der Wappentiere des Hauses, der weißen Tauben, unterbrochen wird. Das Innere des Lokals wird von einem jener

riesigen offenen Kamine dominiert, in denen die Bauern noch bis vor wenigen Jahren zu Zeiten der größten Kälte auf kleinen Holzbänkchen saßen, um sich zu wärmen. Der große Gastraum ist sparsam, aber sehr einladend möbliert, die Tische geschmackvoll gedeckt. Alles steht unter der Obhut des wohlbeleibten Signor Giovanni, der mit seinem trockenen Humor bei seinen Gästen das Gefühl verbreitet, willkommen zu sein.

In der Küche werden die *pappardelle* und *pinci* täglich frisch gemacht, die zweiteren sind die typischen handgedrehten Nudeln der Landschaft südlich von Siena, die man auch *lunghetti* in Trequanda und *pici* in der Gegend um Montepulciano nennt. Einfache Gerichte also, die über den Charakter der Einheimischen mehr aussagen als manches Buch. Um deren Eigenart zu verstehen, muß man sich nur vor Augen halten, daß sich hier die letzte freie Kommune Italiens befand, die nach dem Fall Sienas, dessen treuester Verbündeter sie immer war, noch weitere vier Jahre dem Ansturm der stärksten Armee der damaligen Welt widerstand, bevor sie sich Philipp II. von Spanien und damit den Medici ergab.

Das Festhalten an der eigenen Identität und die starke Bindung an Traditionen zeigt sich bis heute auch und gerade in der Küche. Es sind Gerichte ohne jeden Schnörkel, die aus der Küche der Taverne herausgetragen werden. Die

Pinci con sugo povero

Dicke Spaghetti mit Gemüsesauce

Für 4 Personen

400 g dicke Spaghetti
1 Zwiebel
1 Knoblauchzehe
1 Stange Staudensellerie
1/2 Bund Petersilie
200 g Bauchspeck
200 g frische Erbsen
4 EL Olivenöl extra vergine
1 Glas Weißwein
500 g geschälte Tomaten
Salz und Pfeffer

Zwiebel, Knoblauch, Sellerie, Petersilie und Bauchspeck fein hacken, Erbsen dazugeben und alles in Öl anbräunen. Wein angießen, verdunsten lassen, die Tomaten dazugeben, salzen und pfeffern. Auf kleiner Flamme 1 Stunde köcheln lassen. Die Nudeln in Salzwasser *al dente* kochen, in der Sauce wenden und servieren.

Bohnensuppe aus heimischen Früchten ist sämig und geschmackvoll, der Reis mit Gartengemüsen gehört zu den Spitzengerichten der Bescheidenheit. Nur wenigen Besuchern ist bewußt, daß unten im Tal der Merse eine der wertvollsten Reissorten der Welt angebaut wird.

Die Zutaten stammen alle aus der Umgebung, viele auch aus der Produktion des Gutes selbst. Die Oliven geben ein

würziges Öl, die etwa 300 Schweine liefern besten luftgetrockneten Schinken und Wurstsorten von Salami über *buristo*, wie man die Blutwurst nennt, Preßsack, der ganz verwandt *soppressata* heißt, bis hin zur groben Bauernwurst *salsiccia*, die alle im eigenen Schlachthaus auf dem Gut zubereitet werden. Und in der Käserei trifft täglich die Milch der etwa 400 Schafe ein, die auf den Weiden um das Haus grasen. Sie wird fermentiert, kundige Hände formen daraus Käselaiber und überwachen die langsame Reifung dieses wunderbaren *pecorino*. Käse, der zu längerer Lagerung vorgesehen ist, aus dem also ein *pecorino stagionato* werden soll, wird mit Olivenöl eingerieben, in Nußblätter verpackt und ruht auf Fichtenbrettern. Und der jüngste Bruder nennt sich *ricotta*, ein schmackhafter Frischkäse, der noch lauwarm in der Taverna auf den Tisch kommt.

Im 15. Jahrhundert bezahlten die Vorfahren der heutigen Besitzerin Francesca Colombini Cinelli laut alter Dokumente schon Steuern für ihre landwirtschaftlichen Produkte, und gegen Ende des 19. Jahrhunderts wurden ihre Weine erstmalig öffentlich ausgezeichnet. 1970 stellte Giovanni Colombini einen eigenen Weintypus vor, den er Brusco nannte und der durch seinen ungewöhnlich langen Kontakt mit der Traubenschale einen ganz unverwechselbaren intensiven Geschmack erhält. Aus diesen Erfahrungen entstand in den folgenden Jahren der große Bruder Bruscone, ein im *barrique* ausgebauter Tafelwein, der seinen Namen dem letzten Briganten Italiens verdankt. Der erst 1949 gestorbene Giovacchino Zamperini, genannt Bruscone, war aus Liebe zum Mörder geworden und in die Wälder der Fattoria geflüchtet. Dort lebte er als Wilderer, bis zuletzt geschützt durch die Legenden, die sich um sein Leben rankten.

Längst sind die Wälder nicht mehr so tief, ist dieser Landstrich nicht mehr so weltabgeschieden wie noch vor ganz wenigen Jahrzehnten. Heute ist es notwendig geworden, darauf zu achten, daß dieses alte Stück Toskana nicht verloren geht. Der wirtschaftliche Erfolg seiner großen Weine

Faraona al vin santo
Perlhuhn in Vin Santo

Für 4 Personen

1 Perlhuhn (oder Fasan)
1 Zwiebel
4 EL Olivenöl extra vergine
100 g Butter
Salz und Pfeffer
4 cl Vin Santo

Das Perlhuhn halbieren. Zwiebel hacken und in Öl und Butter glasig werden lassen. Das Perlhuhn dazufügen und anbraten. Salzen, pfeffern und 1 Glas Wasser angießen. Zudecken und auf kleiner Flamme 45 Minuten köcheln. 10 Minuten vor Ende der Kochzeit Vin Santo dazugießen. Am Ende der Kochzeit den Deckel entfernen und den Alkohol verdunsten lassen. Die Perlhuhnhälften zerteilen und mit Sauce übergossen servieren.

Caffè in forchetta
Kaffee auf der Gabel

Für 4 Personen

2 Eier und 2 Eigelb
4 EL Zucker
1/4 l Milch
1/4 l schwarzer Kaffee
1/4 l süße Sahne

Eier und Eigelb mit dem Zucker gründlich verrühren. Milch und kalten Kaffee hinzufügen. Gut vermischen und in eine feuerfeste Schüssel schütten. Im Backofen bei 150 Grad 30 Minuten backen. Abkühlen lassen und mit Schlagsahne bedeckt servieren.

hat die Landflucht und die Verwilderung der alten Kulturlandschaft gestoppt, aber die Kultur dieser Landschaft droht sich zu verlieren. Um das mit zu verhindern, haben die Barbi 1981 einen Preis gestiftet, der für literarische, journalistische und weinbaukundliche Verdienste um die Toskana vergeben wird.

ORINO
STAGIONA
25.000
PECORINO DEI BARBI
MONTALCCCINO
STAGIONATO
£ 29000 Kg
PECORINO SARDO
Rustico

ZONA
di
PRODUZIONE
del
CARMIGNANO
D.O.C.G.
Fattoria
di Artimino

Trattoria Da Delfina

Sitzt man auf der Terrasse bei »Delfina«, hat man gleich zwei oder auch drei Fliegen mit einer Klappe geschlagen. Man gönnt sich den optischen Genuß einer der schönsten Medici-Villen, hat mit das beste auf dem Teller, was die traditionelle toskanische Küche zu bieten hat, und im Glas funkelt rubinrot der Carmignano, der an den Reben im Hintergrund gewachsen ist.

Bernardo Buontalenti war der Name des Baumeisters, der im späten 16. Jahrhundert für Ferdinand Medici tätig war. Dieser hatte nach dem plötzlichen Tod seines Bruders Francesco I. und dessen Frau, der venezianischen Schönheit Bianca Cappello, nichts Eiligeres zu tun, als sein Kardinalsgewand an den Nagel zu hängen und sich als neuer Großherzog der Toskana umgehend das bescheidene Jagdschlößchen bauen zu lassen, das fortan »La Ferdinanda« oder das »Haus der hundert Kamine« genannt wurde. Es sollte »alle Annehmlichkeiten, welche ein Herrscher anläßlich eines Landaufenthaltes nur wünschen kann, in Hülle und Fülle haben«, und dazu gehörten, für die Zeit der Winterjagd, natürlich auch ausreichend beheizbare Gästezimmer. Heutige Gäste wohnen im zur Villa gehörenden Hotel Paggeria Medicea, und ihnen erscheinen Annehmlichkeiten als ganz selbstverständlich, von denen man zu Medici-Zeiten noch nicht einmal träumen konnte.

Es könnte jemand auf die Idee kommen, die Rauchabzüge auf dem Dach der Villa nachzuzählen, doch soviel Zeit bleibt ihm bei Delfina kaum, zu unitalienisch wäre es, den Gast so lange auf sein Essen warten zu lassen. Und steht dieses erst einmal auf dem Tisch, dann hat man schnell Herrn Buontalenti vergessen und ist aufs allerhöchste entzückt vom Talent, das Delfinas Küchenmannschaft an den Tag legt. Diese agiert unter den immer noch wachsamen Augen einer toskanischen Legende, der inzwischen über neunzigjährigen Delfina Giusti, und unter dem gütigen Regiment des Sohnes Carlo Cioni. Nach seinen eigenen Worten verdankt er, was er an Wesentlichem über die heimische Küche weiß, vor allem der Sparsamkeit der Mutter.

Pappa al pomodoro
Tomaten-Brot-Suppe

Für 4 Personen

2 Knoblauchzehen
6 EL Olivenöl extra vergine
500 g frische, reife Tomaten
6 Basilikumblätter
1 l Brühe
300 g Brot
Salz, Pfeffer

Den Knoblauch in Öl anbräunen, die Tomaten in Stücke schneiden und zusammen mit den kleingerupften Basilikumblättern dazugeben. Die Brühe angießen und, sobald diese kocht, das in feine Scheiben geschnittene Brot hineinlegen. Salzen und pfeffern und 10 Minuten kochen lassen. Etwas abkühlen lassen, zu einem Brei verrühren und lauwarm servieren. Am Tisch mit einem Schuß frischem Olivenöl verfeinern.

Nie war man hier oben in den Monti Albani verschwenderisch, auch mit den Zutaten in der Küche nicht. Alles war mühsam erworben und wertvoll und mußte mit der optimalen Wirkung eingesetzt werden, um für jeden eine schmackhafte Mahlzeit abzugeben. Die *pappa al pomodoro*, im Sommer lauwarm oder kalt gegessen, im Winter warm, ist dafür ein ebenso beredtes Beispiel wie die *trippa alla fiorentina*, die selbst die knausrigen Kaufleute der Handelsstadt erfreute, oder das wunderbar einfache Rezept des Fasans mit Zwiebeln, den man in den Feldrainen immer fand.

Was damals eine bittere Notwendigkeit war, ist heute aktuell wie nie zuvor – sparsamster Umgang mit Fett und skrupulöse Auswahl der natürlich erzeugten Ausgangsprodukte. In beidem ist Carlo ein wahrer Meister, nimmermüde macht er die besten Quellen ausfindig für die guten Dinge

von einst, den Käse, den fast keiner mehr kennt, oder die Zutaten für Süßspeisen, die einfach aus den Früchten des Landes gemacht werden und auf alles Exotische verzichten. Und ist er wieder einmal fündig geworden, kann es durchaus vorkommen, daß er ein komplettes Menü von der Vorbis zur Nachspeise nur aus verschiedensten toskanischen Käsesorten zaubert und sich königlich über die erstaunten und zufriedenen Gesichter seiner Gäste freut.

Im Winter wird Carlo zu einem frischen Ricottakäse oder einem reifen *pecorino* immer seinen Kastanienkuchen zum Abschluß eines Essens servieren. *Castagnaccio,* wie er meist genannt wird, in Artimino sagt man dazu *ghirighio*, ist oft ein recht unansehnlicher daumendicker Fladen, dafür köstlich in Geruch und Geschmack, wenn er aus bestem Kastanienmehl gemacht ist. Das ehemalige Grundnahrungsmittel der armen Bewohner höhergelegener toskanischer Bergregionen wie der Garfagnana bekommt man noch heute. Ganz langsam am Holzfeuer getrocknet und in der Steinmühle schonend gemahlen müssen die Kastanien sein, dann ist das Mehl mineral- und vitaminreich und hat einen deutlichen Schokoladenduft.

Reich an Talent und sparsam wie Mamma Delfina scheinen die Bauern der Gegend schon immer gewesen zu sein. Wenn es darum ging, der täglichen harten Arbeit für den Gutsherrn auch einige positive Seiten abzugewinnen, war dazu vor allem die Zeit der Weinernte geeignet. Es war nur ein kleines Unrecht, das ihnen sicherlich selbst der Gründer des Dorfkirchleins von Artimino, der heilige Franz von Assisi, verziehen hätte, und überdies relativ leicht, den Saft der Trauben, die auf dem Transportweg zwischen Weinberg und Keller platzten, heimlich aufzufangen und zu Hause

Fagiano con cipolle

Fasan mit Zwiebeln

Für 4 Personen

1 Fasan
6 EL Olivenöl extra vergine
1 Glas Weißwein
1 Stange Staudensellerie
600 g rote Zwiebeln
1/2 Bund Petersilie
Salz, Pfeffer

Den Fasan vierteln, in einer Pfanne in Öl gut anbräunen, Weißwein angießen und den Alkohol verdunsten lassen. Das Fleisch herausnehmen und beiseite legen.

Sellerie, Zwiebeln und Petersilie feinhacken und in die Pfanne geben. Auf mittlerer Flamme weich kochen, eventuell etwas Wasser nachgießen, anschließend alles durch ein Sieb passieren.

Die passierte Sauce und die Fasanenstücke wieder in die Pfanne geben, salzen, pfeffern und gar kochen. Carlo serviert den Fasan zusammen mit einem Löffel frischer *polenta*.

Trippa alla fiorentina
Florentiner Kutteln

Für 4 Personen

1 Karotte
1 Stange Staudensellerie
1 Zwiebel
1/2 Bund Petersilie
6 EL Olivenöl extra vergine
400 g Kutteln
1/2 Glas Weißwein
Salz, Pfeffer
200 g geschälte Tomaten
4 EL frisch geriebener Parmesankäse

Karotte, Sellerie, Zwiebel und Petersilie kleinhacken und in Öl andünsten. Die Kutteln in Streifen schneiden und hinzufügen. Weißwein angießen, salzen und pfeffern und für 10 Minuten kochen lassen. Tomaten dazugeben und weitere 20 Minuten zugedeckt auf kleiner Flamme köcheln, eventuell die entstandene Sauce anschließend bei offenem Deckel noch etwas reduzieren. Auf vorgewärmte Teller geben, mit frisch geriebenem Parmesan überstreuen und sehr warm servieren.

selbst zu vergären. Der daraus entstandene Wein wurde geständig »Vin Ruspo«, gestohlener Wein also, genannt und konnte, trotz aller Heimlichkeit, den Feudalherren doch nicht verborgen bleiben. Sie hatten schnell die besondere Qualität dieses Zufallsprodukts begriffen, tolerierten den Brauch, sicherten sich davon aber einen eigenen Anteil und kreierten so einen der besten Roséweine Italiens. Bis heute wird der Vin Ruspo nur aus Vorlaufmost gekeltert, der noch vor dem Abpressen der Trauben entsteht. Er vergärt zu einem charakter- und gehaltvollen Wein, der wegen des nur kurzfristigen Kontakts mit den farbtragenden Schalen der roten Trauben von typisch hellroter Farbe ist.

Von schönstem dunklen Rubinrot ist dagegen der eigentliche Protagonist der Gegend, der Carmignano, ein Wein, der mitten im Anbaugebiet Chianti Montalbano wächst und doch kein Chianti, sondern ein eigener D.O.C.G.-Wein ist.

Castagnaccio (Ghirighio)
Kastanienkuchen mit Rosmarin

300 g Kastanienmehl
Salz
1 EL Zucker
2 EL Olivenöl
50 g Walnußkerne, grob gehackt
50 g Rosinen
2 Rosmarinzweige
50 g Pinienkerne

Das Mehl mit einer Prise Salz, dem Zucker und etwa einem halben Liter lauwarmem Wasser zu einem glatten, dünnflüssigen Teig anrühren. Dann 1 Eßlöffel Öl, die Nüsse, die Rosinen und die vom Zweig abgestreiften Rosmarinnadeln unterrühren. Mit dem restlichen Öl ein Backblech einfetten, den Teig hineingießen und mit den Pinienkernen bestreuen. Im vorgeheizten Ofen bei 200 Grad etwa eine halbe Stunde backen.

Das liegt an der *uva francesca*, die nicht der Schutzpatron San Francesco hierhergebracht hat, sondern die die Medici schon vor Jahrhunderten aus Frankreich einführten. Es handelt sich wahlweise um Cabernet Sauvignon oder um Cabernet franc, die laut Gesetz neben den traditionellen Chianti-Trauben im Carmignano enthalten sein dürfen und ihm seine angenehme Fülle geben. Seinen Ruf und seine eigene Herkunftsbezeichnung verdankt der Carmignano dem Grafen Ugo Contini Bonacossi, der die Beamten des Landwirtschaftsministeriums 1975 endlich davon überzeugt hatte, daß es sich um einen Wein mit langer eigenständiger Geschichte und ganz eigenem Charakter handelt. In seinem Weingut Villa di Capezzana produziert er selbst die besten Beispiele dafür.

Il Convio

Es heißt, Trüffel sei überall in der Toskana zu finden, man müsse nur danach suchen. Vielleicht ist das so, sicherlich lohnend ist die Ausbeute in zwei Gegenden, bei San Miniato und in den Crete Senesi. Auf einer herbstlichen Fahrt zwischen beiden Gebieten nimmt man am besten die heute zur Nebenstraße gewordene alte Frankenstraße, die seit der Zeit Karls des Großen den Norden mit Rom verbindet und in der Mark Tuszien reisende Kaufleute und Bettler, Pilger und Bischöfe, Krieger, Feldherren und Könige über Lucca, San Miniato al Tedesco, Certaldo und Monteriggioni nach Siena und dann weiter in den Süden führte.

Es scheint schon kräftig nach Trüffeln zu duften, sobald man sich San Miniato nähert. Natürlich geht hier die Phantasie mit uns durch, sind wir doch leider nicht mit so feinen Nasen begabt wie Hund und Schwein, die sich beide zur Trüffelsuche eignen. Wir müssen uns also gedulden, bis wir in der kleinen Stadt auf den drei Hügeln ankommen, die in Erinnerung an ihre fränkische Vergangenheit den Beinamen »al Tedesco« trägt.

Heute kommen die Tedeschi, zumindest die Feinschmekker unter ihnen, meist im November zum großen Trüffelmarkt. Sie sind Bringer besserer Gaben als ihre kriegerischen Vorfahren, führen »Deutschmark« statt Waffen im Reisegepäck. Diese sind in ausreichender Anzahl vonnöten, will man an Trüffeln nicht nur schnüffeln und weiterhin nur die zwar art- und wortverwandte, aber im Geschmack um einiges weniger aufregende Kartoffel essen, sondern das ein oder andere Knöllchen auch käuflich erwerben. Und sollte die Trüffelzucht nicht endlich doch noch gelingen, dann werden die Trüffelpreise wohl auch nicht so bald sinken. So wird es noch eine Zeitlang lohnen, sich findige Sparmaßnahmen auszudenken wie die, die schon 1890 im französischen »Journal de la cuisine« abgedruckt war: Um einer Omelette den Geschmack von Trüffel zu geben, ohne Trüffel dabei zu verbrauchen, gehe man so vor, daß man die Eier für ein bis zwei Tage mit der Trüffel in einem hermetisch verschlossenen Gefäß kühl aufbewahre, wobei das Ei

den Trüffelduft im Inneren aufnimmt und die Trüffel nichts verliert. Der Rat sieht ganz danach aus, als sei Trüffel auch schon im Frankreich des vergangenen Jahrhunderts teuer gewesen, worauf auch die Bennenung *diamant noir* schließen läßt.

»Es scheint, daß Trüffel im französischen Périgord zur Zeit Karls V. zum erstenmal als Nahrungsmittel entdeckt wurde«, schreibt Artusi in seinem Buch »L'arte di mangiar bene«, und über Trüffel in Italien meint er: »Das Problem der Weißen und der Schwarzen, der Guelfen und der Ghibellinen, das Italien so lange Zeit gequält hat, droht aus Anlaß der Trüffel wieder akut zu werden. Seid aber beruhigt, liebe Leser, denn diesmal gibt es kein Blutvergießen. Die Parteigänger der Weißen und der Schwarzen, um die es sich hier handelt, sind sanfterer Natur als die Wilden von damals. Ich erkläre mich offen für die Weißen, behaupte und bestehe darauf, daß die schwarzen Trüffeln die schlechtesten von allen sind.« So hart muß man das nicht sehen, wenn man an die wertvollste schwarze Trüffel denkt, *tuber melanosporum,* auch *tuber nigrum*, die in einigen Gegenden Südeuropas vorkommt und im Périgord, wie auch in der Gegend um Norcia in Umbrien, ideale Bedingungen vorfindet. Die schwarze Wintertrüffel ist in der Zeit von Dezember bis März reif, je später die Ernte, desto besser das Produkt. Viele Trüffelsucher schwören darauf, daß die besten nur in den Tagen um Vollmond geerntet werden können. Und die Franzosen behaupten, sie würden nur schwarze Trüffeln mögen – klar, denn weiße haben sie nicht!

Die wertvollen weißen Trüffeln – *tuber magnatum pico* oder *tartufo bianco pregiato,* wie sie im Italienischen heißen – sind, da muß man dem Lecker- und Lästermaul Artusi

recht geben, die Trüffeln schlechthin. Sie reifen von Oktober bis Dezember und kommen vornehmlich aus Alba im Piemont oder in der Toskana aus San Miniato, hier genauer aus dem Gebiet mit dem bezeichnenden Namen Valdegola oder dem von Balconevisi, wo man 1954 den bisherigen Weltrekordhalter des geschmackvollen Pilzes gefunden hat. Das 2,520 Kilo schwere Prachtexemplar wurde auf eine lange Reise geschickt und ist schließlich auf dem Tisch des amerikanischen Präsidenten gelandet. Der Duft der weißen Trüffel ist herrlich, leicht nach Knoblauch, wenn der Pilz ganz reif ist, der Geschmack so intensiv, daß er die Erinnerung für viele Stunden, oft ganze Tage beansprucht.

Beide Arten mit vielen Unterarten unterscheiden sich in der Reifezeit und vor allem in der Verwendung. Schwarze Trüffeln eignen sich beispielsweise besser als Füllungen, da sie durch Kochen ihren Geschmack nicht verlieren, weiße sind etwas geschmacksintensiver und eignen sich besser zum rohen Verzehr, hauchdünn über die jeweiligen Speisen gehobelt. Einfache schwarze Sommertrüffeln, *tuber aestivum* und *tuber uncinatum*, nennt man in Italien *scorzone* (Dickhäuter). Sie werden vorwiegend weiterverarbeitet zu Trüffelbutter, -creme und -öl.

Kein Wunder, wenn immer wieder Verwunderliches und Geheimnisvolles von Trüffeln zu hören war. Plutarch ging davon aus, daß Trüffeln dort wachsen, wo ein Blitz die Erde getroffen hat, war ja der Blitz von Götterhand geschleudert, und der überirdische Ursprung der Trüffeln ergab sich ohnehin aus deren göttlichem Geschmack. Manch anderer sieht in Trüffeln ein geeignetes Element für die Schwarzkünste der Gourmandise, aus dem sich allerlei Liebeselexiere bereiten lassen.

Frittata con tartufo
Trüffelomelette

Für 4 Personen

Trüffel
1 Knoblauchzehe
etwas Petersilie
6 Eier
6 EL frische süße Sahne
Salz
50 g Butter

Trüffel hobeln, Knoblauch und Petersilie fein hacken. Eidotter trennen und gut verrühren, Eiweiß steif schlagen, alles zusammenmischen, Sahne dazugeben, salzen und leicht verrühren. Butter zerlassen und die Omelette beidseitig leicht anbraten.

Carbonara dei ricchi
Trüffelcarbonara

Für 4 Personen

400 g frische dünne Eierbandnudeln
100 g Butter
50 g Parmesan
4 Eigelb
Trüffel

Die Nudeln kochen, abgießen und sofort, noch ganz heiß, in einer vorgewärmten Schüssel mit der Butter und dem frisch geriebenen Parmesankäse vermischen. Auf vorgewärmten Tellern vier Portionen nestförmig anrichten, das Eigelb in die Mitte geben, Trüffel darüberhobeln und servieren.

Wo Trüffeln sind, sind auch Schweine nicht weit. Zwar verwendet man heute zur Trüffelsuche ausschließlich die viel leichter zu handhabenden Hunde, die auch deshalb vom Gesetz vorgeschrieben sind, weil sie nur reife Trüffeln riechen. Aber natürlicherweise steht diese Rolle dem Schwein zu. Schweine sind so gierig auf ihre Lieblingsspeise, daß ihnen kaum einer der Pilze entgeht, und wächst er noch so tief. Mühsam nur für den Trüffelsucher, das Schwein davon abzuhalten, die Trüffeln auch selbst zu verspeisen.

Hat man auf dem Markt ein lohnendes Schnäppchen gemacht, das gute Stück in Butterbrotpapier eingepackt und zusammen mit Reis in ein luftdicht verschlossenes Glas gegeben, so kann man es dort einige Zeit aufheben. Zusätzlichen Genuß verspricht der so durch die Trüffel aromatisierte Reis, aus dem sich ein wunderbarer *risotto* zubereiten läßt. Zusammen mit zahlreichen italienischen Marktbesuchern läßt man sich nun, mit einem an den Markttagen eigens verkehrenden Pendelbus, zu Il Convio hinunter nach San Maiano bringen. In diesem versteckten Ausflugslokal mitten in der *campagna* wird das ganze Jahr über an zahlreichen Tischen, drinnen in den hübschen Räumen und draußen auf der Wiese, freudig und lautstark getafelt. Aber jetzt, zwischen September und Dezember, ist Trüffelzeit, und Luciano Ciuli, der dreißig Jahre lang oben im Dorf in seinem Lebensmittelladen die aromatischen Knollen verkauft hat, verschönt sich seine Pensionärsjahre und seinen

Gästen den Tag, indem er Dinge auf die Speisekarte setzt wie *antipasti mare e monti al tartufo bianco*, getrüffelte Vorspeisen aus dem Meer und aus den Bergen, *tortelloni con radicchio rosso al tartufo*, Teigtaschen mit Radicchio gefüllt, *sformatino al tartufo*, Gemüseauflauf, und *suprema di capponcello farcita in vellutata di tartufo bianco*, gefüllter Kapaun, natürlich alles ebenfalls mit reichlich Trüffeln.

Die nebenstehenden Rezepte zeigen, was man mit dem duftenden Mitbringsel zu Hause alles bereiten kann. Für eine der genialsten Trüffelspeisen aber braucht wohl keiner das Rezept, es sind simple Spiegeleier mit feinsten Trüffelscheibchen darüber. Da Ei und der Wonnepilz aber so gut zusammenspielen, sei hier ein Trüffelomelett empfohlen. Bei Nudelgerichten gibt es nichts Besseres, als selbst frische Eiernudeln, zum Beispiel *tagliolini,* zu machen, sie kurz zu kochen, in flüssiger Butter wenden und mit Trüffellamellen darüber ganz heiß zu essen. Eine schöne Variante dazu ist die *carbonara dei ricchi*. Und für allerlei Hauptspeisen, etwa Kalbsschnitzelchen, Hühnerbrust oder Forellenfilets, kann die *salsa tartufata* eine wunderbare Verfeinerung sein. Um sie zuzubereiten, verwenden Sie Ihren besten Weißwein, einer aus den *barriques* wäre nicht schlecht, den Rest der Flasche wollen Sie ja dann zu dem Gericht trinken.

Salsa tartufata
Trüffelsauce

1 kleine Zwiebel
1 Knoblauchzehe
etwas Petersilie
50 g Butter
1/2 Glas Weißwein
1 TL Mehl
Salz, Pfeffer
Muskatnuß
2 EL Brühe
Trüffel (ersatzweise Trüffelcreme)

Zwiebel, Knoblauch und Petersilie kleinhacken und in Butter andünsten. Wein angießen, Mehl langsam einrühren, salzen, pfeffern und mit Muskat abschmecken. Wenn die Sauce sämig wird, mit Brühe etwas verdünnen und Trüffel hineinhobeln. Heiß zum Hauptgang servieren.

Toskanisches Küchenlexikon

aceto	Essig
acquacotta	Brotsuppe
agnello	Lamm
alchermes	florentinischer Gewürzlikör
alloro	Lorbeer
anatra	Ente
anguilla	Aal
arista	toskanischer Schweinebraten
baccalà	Stockfisch
baccelli	s. fave
beccaccia	Schnepfe
bietole	Mangold
biscotti(-ni) di Prato	s. cantucci
bistecca fiorentina	Steak von jungen toskanischen Rindern
bollito	in siedendem Wasser gekocht
bollito misto	Gericht aus verschiedenen gekochten Fleischstücken
braciola	Kotelett
brasato	Schmorbraten
Brunello	Rotwein aus Montalcino
bruschetta	geröstete Brotscheibe mit Olivenöl und Knoblauch
buristo	Blutwurst
cacciatora (alla)	nach Jägerart
caciucco	Fischsuppe
caldarroste	geröstete Eßkastanien
canaiolo	rote Traubensorte
cannellini	weiße Bohnen
cantucci/cantuccini	trockenes Mandelgebäck
cappone	Kapaun
carabaccia	florentinische Zwiebelsuppe
caratelli	Holzfässer für Vin Santo
carbonara (alla)	Sauce mit Ei
carbone (al)	auf Holzkohlenglut gegrillt
carciofi	Artischocken
cardi	Karden, artischockenähnliche Distelpflanzen
cartoccio (al)	in Folie gegart
castagnaccio	Fladen aus Kastanienmehl
cavallucci	trockenes Honiggebäck
cavolo	Kohl
ceci	Kichererbsen
cenci	süßes Karnevalsgebäck
cervello	Hirn
chianina	Rinderrasse aus dem Chianatal
chiocciole	Schnecken
ciaccia/ciaccina	Fladenbrot
cibreo	Innereienragout
cime di rapa	Rübensprossen
cinghiale	Wildschwein
cinta senese	Sieneser Schweinerasse
coniglio	Kaninchen
coratella	Lamminnereien
cotognata	Quittenbrot
crostata	Mürbeteigkuchen
crostini/crostoni	Vorspeise aus Brotscheiben mit verschiedenem Belag
D.O.C / DOC	gesetzlich kontrollierte Herkunftsbezeichnung
D.O.C.G / DOCG	gesetzlich kontrollierte und garantierte Herkunftsbezeichnung
dolceforte	süß-sauer
dragoncello	Estragon
erbette	Kräuter
fagiano	Fasan
fagioli al fiasco	weiße Bohnen in der Flasche gegart
fagioli all'uccelletto	weiße Bohnen mit Tomatensauce
faraona	Perlhuhn
farcito	gefüllt
farro	Dinkel
fave	Saubohnen
fegatini	Geflügelleber
fegato	Leber
fettunta	s. bruschetta

fiasco	dickbauchige typische Chiantiflasche
finocchio	Fenchel
finocchiona	grobe Salami mit Fenchelsamen
fiori di zucca	Zucchiniblüten
forno (al)	gebacken oder überbacken
frittata	Omelette
frittelle	im schwimmenden Öl herausgebackene Bällchen
fritto	fritiert, gebacken
fusilli	spiralförmige Nudeln
galletto	Hähnchen
ghirighio	s. castagnaccio
ginepro	Wacholder
gnocchi	Klößchen
gobbi	s. cardi
gorgonzola	Schimmelkäse
gratella (in)	auf dem Rost
griglia (alla)	gegrillt
involtino	Roulade
lepre	Wildhase
lingua	Zunge
lombata	Lendenstück
maccheroni	in der Toskana = breite Bandnudeln
malfatti	Frischkäseklößchen
maltagliati	unregelmäßig geschnittene Nudeln
malvasia	weiße Traubensorte
manzo	Rindfleisch
mattone (al)	flach gepreßt und gegrillt
migliacci	Süßspeise mit Schweineblut
milza	Milz
misticanza	Mischung aus Wildsalaten
nana	toskanisch für Ente
nepitella	wilde Bergminze
oca	Gans
ossobuco	Haxenscheibe
pan tosco	toskanisches Bauernbrot
pancotto	Brotsuppe
panforte	Sieneser Gewürzkuchen mit kandierten Früchten
panna cotta	Sahnepudding
pannello	Brotkuchen
panzanella	Brot-Gemüse-Salat
pappa al pomodoro	Brot-Tomaten-Suppe
pappardelle	breite Bandnudeln
pecorino	Schafskäse
peperoncino	Chilipfefferschote
piccione	Taube
pici/pinci	handgedrehte Spaghetti
pinoli	Pinienkerne
piselli	Erbsen
polpette	Frikadellen
porchetta (in)	mit Kräutern gefüllt
porchetta	gewürzter Schweinebraten
porcini	Steinpilze
porri	Lauch
quaglia	Wachtel
rana/ranocchio	Frosch
raveggiolo	Frischkäse
ribollita	Brot-Gemüsesuppe
ricotta	Frischkäse
ripieno	gefüllt
rostinciana	gegrillte Rippchen
roventini	Blutomelettes
rucola	Rauke
sagra	Dorffest
salmì (in)	mariniert
salsa	Sauce
salsiccia	grobe Wurst
salvia	Salbei
sangiovese	rote Traubensorte
schiacciata/ schiacciatina	Fladenbrot
scottiglia	Aretinischer Fleischeintopf
sedano	Sellerie
sfogliata	Blätterteigpastete
sformato	Gemüseauflauf
soppressata	Preßsack
spezzatino	Gulasch
spiedo (allo)	am Spieß
spugnole	Morchel
stracotto	Schmorbraten
tacchino	Truthahn
tagliata	Rindfleischstreifen
tagliolini	dünne Bandnudeln
tartufo	Trüffel
tegamata/tegamaccio	Eintopf
tortelli/tortelloni	Teigtaschen
toscanelli	weiße Bohnen
trebbiano	weiße Traubensorte
trifolato	in der Pfanne gedünstet
trippa	Kutteln, Pansen, Kaldaunen
umido (in)	geschmort
uvetta	Rosinen
vin santo	toskanischer Dessertwein
zampa	Schweins- oder Kalbsfuß
zolfini (fagioli)	kleine weiße Bohnen
zucca	Kürbis
zuppa inglese	Florentiner Süßspeise

Verzeichnis der Rezepte

Literatur

Artusi, Pellegrino: L'Arte di Mangiar Bene, Florenz 1891/1960
Butazzi, Grazietta: Toscana, Bologna 1989
Codacci, Leo: Civiltà della Tavola Contadina, Florenz 1981
Osterie d'Italia, Edition Spangenberg, München 1995
Falassi, Alessandro u.a.: Pan che canti, vin che salti, Poggibonsi 1988
Toscana, Guida Gastronomica, Gambero Rosso Editore, Rom 1995
Vini d'Italia, Gambero Rosso Editore, Rom 1995
Incontri Lotteringhi della Stufa, Maria: Pranzi e Conviti, Florenz 1965
Meuth, Martina / Neuner-Duttenhofer, Bernd: Toskana, München 1987
Montori, Marco / Pellegrini, Fabio: Sulle orme di Bacco, Cortona 1991
Petroni, Paolo: Cucina Fiorentina, Florenz 1994
Rinaldi, Mariangela: A Tavola con i Santi, Mailand 1995
Santini, Aldo: Chianti, amore mio, Padua 1995
Sauer-Kaulbach, Liselotte: Die ländliche Toskana, Köln 1991
Vesco, Clotilde: Cucina Etrusca, Florenz 1985
Zwecker, Hellmuth: Toskana und Umbrien, München 1993

Adressen

① **Osteria di Fonterutoli**
Località Fonterutoli
Castellina in Chianti (Si)
Telefon 05 77/74 02 12
Dienstag geschlossen

② **La Bottega del 30**
Località Villa a Sesta
Castelnuovo Berardenga (Si)
Telefon 05 77/35 92 26
Dienstag, Mittwoch und, außer Sonntag, mittags geschlossen, Ferien: Mitte Januar bis Mitte Februar

③ **Vecchia Osteria**
Località Ponte a Bozzone
Castelnuovo Berardenga (Si)
Telefon 05 77/35 68 09
Sonntag, im Winter auch Montagmittag geschlossen, Ferien: Mitte Januar bis Mitte Februar

④ **Osteria Bottega di Lornano**
Località Lornano, 10
Monteriggioni (Si)
Telefon 05 77/5 91 46
Montag geschlossen, Ferien: Januar, die ersten beiden Wochen im Juli

⑤ **Trattoria Montagliari**
Panzano, Strada Chiantigiana
Greve in Chianti (Fi)
Telefon 0 55/85 21 84
Montag geschlossen

⑥ **Osteria alla Piazza**
Località La Piazza
Castellina in Chianti (Si)
Telefon 05 77/73 35 80
Montag geschlossen, Ferien: Januar und Februar, im November, Dezember und März nur Samstag und Sonntag geöffnet

⑦ **Locanda Borgo Antico**
Località Lucolena
Greve in Chianti (Fi)
Telefon 0 55/85 10 24
Dienstag geschlossen, Ferien: Januar

⑧ **Trattoria Il Poggio**
Località Poggio S. Polo
Lecchi-Gaiole in Chianti (Si)
Tel. 05 77/74 61 35 od. 74 61 76
Montag geschlossen, Ferien: Januar und November

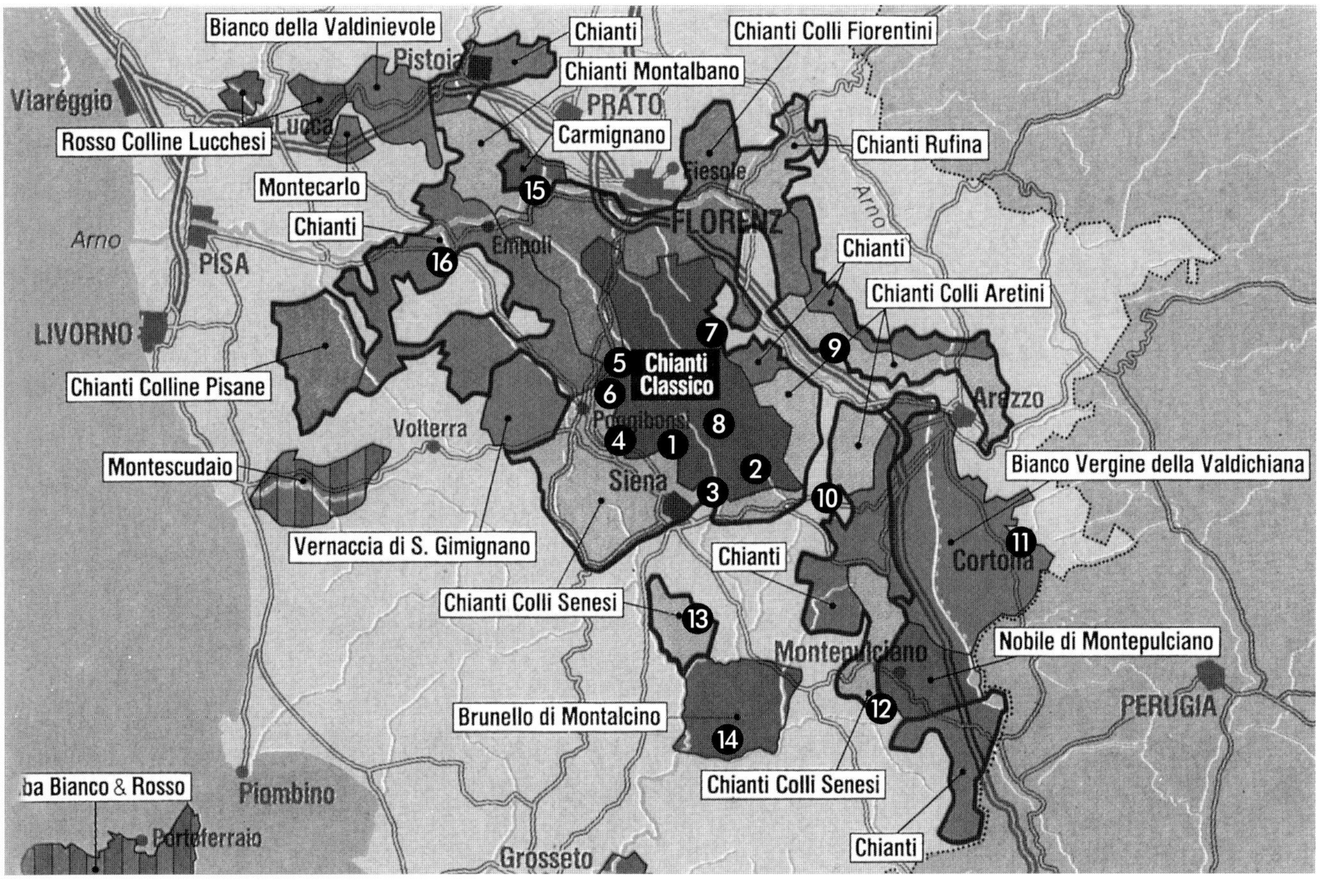

⑨ **Osteria Paterna**
Località Paterna
Terranuova Bracciolini (Ar)
Telefon 0 55/97 75 14
Sonntagabend, Montag und Dienstag geschlossen, Ferien: 2 Wochen im August oder September

⑩ **Trattoria La Scuderia**
Località Palazzuolo
Monte San Savino (Ar)
Tel. 05 75/84 70 14
Mittwoch geschlossen

⑪ **Locanda del Molino**
Località. Montanare
Cortona (Ar)
Tel.05 75/61 41 92
Montag geschlossen, Ferien: 2 Wochen im November

⑫ **Taverna Moranda**
Via di Mezzo, 17
Monticchiello (Pienza)
Telefon 05 78/75 50 50
Montag geschlossen, Ferien: Mitte Januar bis Mitte Februar

⑬ **Trattoria dell'Arco**
Via delle Carceri, 13
Murlo (Si)
Telefon 05 77/81 42 62
Montag geschlossen, Ferien: Januar und Februar

⑭ **Taverna dei Barbi**
Località Podernuovi
Montalcino (Si)
Telefon 05 77/84 93 57
Dienstagabend und Mittwoch geschlossen, Ferien: 3. und 4. Januarwoche, 1. und 2. Juliwoche

⑮ **Trattoria Da Delfina**
Via della Chiesa, 1
Artimino (Fi)
Telefon 0 55/8 71 80 74
Montagabend und Dienstag geschlossen, Ferien: August, Januar

⑯ **Il Convio**
Via San Maiano, 2
San Miniato (Pi)
Telefon 05 71/40 81 14
Mittwoch geschlossen, Ferien: 2 Wochen im August, Februar

Bei den Autoren zu Gast

Erlernen Sie die schönste Sprache, malen Sie in der reizvollsten Landschaft, begegnen Sie den größten Kunstwerken, verkosten Sie die aufregendsten Weine und verlieben Sie sich in die schmackhafteste Küche Italiens – mitten in der Toskana, bei den Autoren dieses Buches zu Gast.

Blick auf die Stadtsilhouette von Siena und auf das Anwesen Torre alle Tolfe.

Schenken Sie sich einen etwas anderen Urlaub in der Villa Torre alle Tolfe, einem prachtvollen Anwesen vor den Toren Sienas, mit Blick auf die mittelalterliche Silhouette der Stadt. Ein stilvolles Haus mit Geschichte und Atmosphäre, ein ausgedehnter Park mit alten, schattenspendenden Bäumen und himmlischer Ruhe, ein Schwimmbad und ein Tennisplatz mitten in schönster Landschaft und eine echte Gutsküche erwarten Sie – einfach Toskana, mit allem Komfort.

Wir laden Sie zu unseren Kursen ein:

- italienische Sprachkurse
- Mal- und Zeichenkurse
- toskanische Kochkurse
- kulinarisch-kulturelle Wochen

Prospekte bei:

Incontri Culturali e.V.
Isabellastr. 24
80796 München
Tel. 0 89/2 71 65 60
Fax 0 89/2 71 31 16